RÉSONⱭ

Collection dirigée pa

CW01476971

Étude sur

GUY DE MAUPASSANT

Boule de suif

par Maguy Sillam

Docteur ès Lettres
Maître de conférences à l'IUFM de Créteil

ellipses

Dans la même collection

RÉSONANCES – ÉTUDES SUR...

• *Antigone* de J. Anouilh, par M.-F. Minaud • *Le Père Goriot* de H. de Balzac, par A.-M. Lefebvre • *Les Fleurs du Mal* de Ch. Baudelaire, par M.-G. Slama • *En attendant Godot* de S. Beckett, par Ch. Vulliard • *La Modification* de M. Butor, par B. Valette • *La Chute* de A. Camus, par F.-J. Authier • *Les Justes* de A. Camus, par A. Beretta • *La Machine infernale* de J. Cocteau, par D. Odier • *Le Blé en herbe* de Colette, par F. Brin • *Jacques le Fataliste* de D. Diderot, par D. Gleizes • *L'Amant* de M. Duras, par D. Denes • *Un barrage contre le Pacifique* de M. Duras, par J. Bardet • *Amphitryon 38* de J. Giraudoux, par A. Faucheux • *Électre* de J. Giraudoux, par O. Got • *La guerre de Troie n'aura pas lieu* de J. Giraudoux, par M. Brumont • *Nouvelles de Pétersbourg* de N. Gogol, par M. Niqueux • *Les Châtiments* de V. Hugo, par M.-G. Slama • *Les Liaisons dangereuses* de Ch. de Laclos, par J.-P. Brighelli • *Boule de suif* de Maupassant par M. Sillam • *Dom Juan* de Molière, par O. Leplatre • *Le Misanthrope* de Molière, par P.-H. Rojat • *La Confession d'un enfant du siècle* de A. de Musset, par D. Pernot • *Sylvie* et *Aurélia* de G. de Nerval, par M. Faure • *Manon Lescaut* de L'abbé Prévost, par P. Caglar • *Un amour de Swann* de M. Proust, par É. Jacobée • *La Règle du jeu* de J. Renoir, par J.-A. Bron • *Les Confessions* (I-IV) de J.-J. Rousseau, par D. Dumas • *Les Mains sales* de J.-P. Sartre, par J. Labesse • *Les Mouches* de J.-P. Sartre, par A. Beretta • *Éthiopiques* de L. S. Senghor, par A.-M. Urbanik-Rizk • *Le Parfum* de P. Süskind, par G. Bardet • *Vendredi ou les limbes du Pacifique* de M. Tournier, par F. Épinette-Brengues • *Les Nouvelles orientales* de M. Yourcenar, par C. Barbier • *Le Roman de Tristan et Iseut*, par V. Lasckovic.

RÉSONANCES MÉTHODIQUES

• Enrichir son vocabulaire. Jeux et leçons de style, par J. Lambert.
• Rédiger avec élégance. Jeux et leçons de style, par J. Lambert.
• Maîtriser l'orthographe et la grammaire. Jeux et leçons de style, par J. Lambert.
• Étude d'un texte argumentatif, par H. Marguliew.
• Commentaire littéraire ou étude littéraire, par M. Bilon et H. Marguliew.
• La dissertation littéraire, par P. Collet, O. Got, M.-G. Slama.
• L'oral de français, par P. Sultan.
• Méthodologies de l'épreuve de Lettres des Terminales L et ES, par V. Boulhol.

RÉSONANCES THÉMATIQUES

• Les écrivains russes du XIXe siècle, par A. Barda
• Le mythe antique dans le théâtre du XXe siècle, par O. Got.
• La poésie engagée, par J. Moyse.

ISBN 2-7298-7852-1

© ellipses / édition marketing S.A., 1999
32 rue Bargue, Paris (15e).

PRÉFACE

L'introduction de programmes officiels d'œuvres littéraires a été la grande innovation des classes de français (Premières et Terminales L/ES) de ces dernières années. Mais les Instructions officielles précisent que ces œuvres imposées ne doivent pas phagocyter l'ensemble du travail des élèves de Premières qui se doivent aussi d'étudier des groupements thématiques et d'autres œuvres... au choix de la classe et du professeur.

C'est à ce besoin qu'entend répondre l'extension de la collection « Résonances » avec d'un côté les opuscules thématiques (*Souvenirs et mémoires*, *Métamorphoses*, *Le bon sauvage*, déjà disponibles), et de l'autre des opuscules consacrés aux œuvres canoniques de la littérature.

Boule de suif, nouvelle à succès de Maupassant, conteur, romancier et journaliste, mérite de figurer parmi ces œuvres phares qu'il est bon d'avoir lues.

Œuvre de jeunesse, écrite sous l'affectueuse autorité de Flaubert, *Boule de suif* fait partie du recueil *Les Soirées de Médan* dans lequel Zola et les membres du groupe de Médan racontent chacun une histoire relative à la guerre franco-prussienne de 1870. Si ce volume, perçu comme le manifeste du naturalisme*, suscite désormais les réactions mitigées des critiques, tous reconnaissent la supériorité de *Boule de suif* sur les autres nouvelles.

Maupassant inscrit son récit dans une actualité proche et à travers l'aventure de la prostituée Boule de suif, victime à la fois de l'officier prussien et de ses compatriotes, condamne en bloc l'ennemi et les représentants de la morale pour leurs comportements. Ainsi, en allant au-delà de la guerre et de ses méfaits, Maupassant propose une vision pessimiste de ses contemporains.

Le recueil *Boule de suif et autres nouvelles*[1], composé de vingt et une nouvelles réunies par Louis Forestier, mérite ainsi l'attention des lycéens,

---

1. **Les références aux pages de l'œuvre dans cet essai renvoient à :**
   Boule de suif et autres nouvelles, Folio classique, n° 2782, 1973 et 1995.

des étudiants du premier cycle de l'enseignement supérieur et de tout lecteur attiré par le naturalisme*[1] et l'art de Maupassant.

---

1. Les mots accolés d'un astérisque sont expliqués dans le Glossaire, p. 123.

L'ŒUVRE ET SES CONTEXTES

I. LE CONTEXTE BIOGRAPHIQUE : UN MÉTÉORE DANS LE MONDE DES LETTRES

1. La jeunesse normande (1850-1871)

Henry, René, Albert, Guy de Maupassant naît le 5 août 1850 (sans doute) au château de Miromesnil en Seine-Maritime dans une famille de petite noblesse de province. Fils de Gustave de Maupassant d'origine lorraine (1821-1900) et de Laure Le Poittevin, de vieille souche normande (1821-1903), il a un jeune frère, Hervé, né en 1856 qui mourra fou en 1889. Les infidélités de Gustave de Maupassant, bel homme volage, et sa mésentente parfois brutale (cf. *Garçon un bock*) avec son épouse entraînent bientôt la séparation du couple (1863).

Les enfants sont alors confiés à leur mère qui les élève dans sa villa, Les Verguies, près d'Étretat et les laisse partager les jeux des enfants de pêcheurs et de paysans normands. Au contact quotidien de la nature, Guy pénètre dans tous les milieux, s'imprègne de l'atmosphère de la campagne, apprend à connaître les êtres, les bêtes, les choses et à aimer la vie libre en plein air qu'il recherchera sa vie durant.

Inscrit au petit séminaire d'Yvetot, il supporte mal l'univers religieux. À quinze ans, il est renvoyé de cette pension à la suite d'une frasque et entre en classe de seconde au lycée de Rouen où il reste jusqu'au baccalauréat. Nageur émérite, il sauve de la noyade au cours de l'été 1864, le poète anglais A.C. Swinburne, assez connu à l'époque, qui vit avec son ami Powell de manière étrange et l'invite chez lui : cet épisode lui inspirera deux contes *La Main d'écorché* et *La Main*. Lycéen à Rouen, il a pour correspondant le poète Louis Bouilhet qui l'introduit chez Flaubert, un ami d'enfance de sa mère Laure et de la famille Le Poittevin. Les deux hommes le traitent en camarade et l'initient à la vie littéraire. Bachelier ès-lettres en

1869, il commence à Paris une licence en droit, interrompue dès la première année par la guerre franco-prussienne.

Mobilisé, il fait campagne avec le désir de chasser l'ennemi, puis l'intervention de son père le fait verser dans les services moins exposés de l'Intendance. En septembre 1871, il se fait remplacer et quitte l'armée mûri par la défaite et la guerre pour laquelle il gardera une haine féroce. Cette triste expérience servira de trame à ses récits de guerre (*Boule de suif*, *Mademoiselle Fifi*, *Deux amis*, *Le Père Milon*, *La Mère Sauvage*).

2. Les années de formation et les débuts en littérature (1871-1880)

Démobilisé, jugeant qu'il est trop tard pour reprendre des études, Maupassant demande et obtient sur recommandation de son père un poste au ministère de la Marine et des Colonies. Il y restera six ans, puis l'intervention de Flaubert le fait passer au ministère de l'Instruction publique qu'il n'apprécie guère plus. Pendant dix ans, il s'ennuie, observe ce milieu étriqué qu'il méprise et relève les ridicules, travers, mesquineries et misères de ses collègues et d'autres employés des ministères qui nourriront en partie son œuvre (cf. *La Parure*, *En Famille*, *Opinion publique*).

Le dimanche, des escapades dans les guinguettes des bords de Seine et des parties de canotage avec ses camarades le distraient de son morne univers de bureaucrate et le confortent dans sa vocation d'écrivain. Aussi, travaille-t-il régulièrement sous l'affectueuse mais exigeante autorité de Flaubert qui corrige ses divers essais et lui interdit toute publication avant d'avoir acquis une réelle maîtrise. Mais déjà, il souffre de migraines dues à la syphilis et à toutes sortes d'excès, tandis qu'apparaissent les premiers troubles oculaires dont il ne guérira pas.

À Paris et à Croisset, chez Flaubert, il rencontre les principaux écrivains contemporains, les romanciers naturalistes et le russe Tourgueniev. Grâce à son paternel ami, il participe au mémorable dîner chez Trapp qui réunit outre Flaubert, les Goncourt et Zola, Octave Mirbeau, Paul Alexis, Léon Hennique et Joris-Karl Huysmans. Il les retrouve à Médan dans la propriété de Zola et lors de ces rencontres naît l'idée d'un ouvrage collectif où chacun écrirait une histoire sur la guerre de 1870. Dès l'automne 1879, Maupassant commence l'écriture de *Boule de suif* qui paraît dans les *Soirées de Médan*, recueil regroupant autour de Zola ses jeunes disciples, Maupassant,

Huysmans, Céard, Hennique et Alexis. Peu de temps après avoir lu les épreuves de cette nouvelle, Flaubert, victime d'une congestion cérébrale, meurt le 8 mai 1880. Maupassant continue à écrire, quitte le ministère, entre au journal *Le Gaulois*, voyage, découvre le Midi et la Corse qu'il décrira dans *Une Vie* et plusieurs contes. Une nouvelle existence commence : désormais, il vivra de sa plume.

3.　Un auteur à succès (1880-1891)

Pendant une décennie, Maupassant produit une œuvre considérable : trois cents contes et nouvelles, six romans, quelques deux cents chroniques et récits de voyage pour les journaux, soit trente volumes. Il collabore au *Gaulois* puis au *Gil Blas* et au *Figaro*, connaît un succès réel, gagne bien sa vie mais assume une lourde charge financière : il entretient sa famille, mère, frère, belle-sœur, nièce et… ses trois enfants naturels (qu'il ne reconnaîtra pas), sans compter ses nombreuses maîtresses. Lancé dans le monde des lettres, sa célébrité lui ouvre aussi bien les salons de l'aristocratie que ceux de la haute finance et de la société cosmopolite qu'il décrit dans *Bel-Ami*. Il change de domicile, achète un yacht le *Bel-Ami I*, puis un autre le *Bel-Ami II*, voyage en Méditerranée (Corse, Tunisie, Algérie, Italie, Sicile), en Bretagne et en Angleterre, suit les cours du professeur Charcot, se penche sur l'hypnose, les cas de folie et les hallucinations qu'on retrouvera dans *Le Horla*, va aux eaux pour se soigner, produit l'essentiel de son œuvre et préface *Les Lettres de Gustave Flaubert à George Sand*. Cependant, après l'internement et la mort de son frère Hervé à l'hôpital psychiatrique de Lyon-Bron, malgré son apparente force physique, la maladie progresse et sa production littéraire se ralentit.

4.　Une longue et lente agonie (1891-1893)

Après le décès de son frère, Maupassant entreprend un long périple en Méditerranée mais sa santé se détériore : il souffre de troubles physiques et nerveux, d'hallucinations de plus en plus fréquentes et de délires. Il tient des propos incohérents, se croit persécuté et engage divers procès pour des causes souvent futiles. Il travaille à des pièces de théâtre et à un roman *L'Angélus*, resté inachevé car les troubles oculaires, et la maladie qui dégrade ses facultés intellectuelles, l'empêchent d'écrire. Pour se reposer et profiter d'un hiver plus clément, il se rend sur la Côte d'Azur où il a souvent séjourné et où réside sa mère. Le 1er janvier 1892, après avoir réveillonné la veille à Nice chez elle, il tente de se suicider en se tranchant la gorge. Désarmé par François Tassart, son valet, il est interné quelques jours plus tard à la maison de santé du docteur Blanche à Passy où il meurt après une longue agonie le 6 juillet 1893. Il n'a pas encore quarante-trois ans et est inhumé le 8 juillet 1893 au cimetière du Montparnasse à Paris.

II. LE CONTEXTE HISTORIQUE :
UNE PÉRIODE DE CHANGEMENTS

Après la Révolution de 1789, la France monopolise tous les regards lorsqu'en mettant fin à la monarchie, elle inaugure la République. Affaibli, divisé, le pays aspire à un régime stable, aspiration expliquant en partie tout au moins la prise du pouvoir par Napoléon. Comme depuis toujours, d'étroits rapports s'établissent entre l'histoire et la littérature, les événements historiques récupérés par l'écriture ont de sérieuses répercussions sur la vie des lettres puisque « Tout prend aujourd'hui, selon Chateaubriand, la forme de l'histoire : polémique, théâtre, poésie, roman » et que des écrivains, Chateaubriand, Lamartine, Hugo, Vigny ou Guizot, interviennent dans la vie politique.

1. La France avant 1848

Après le coup d'État du 18 Brumaire (1799), sous le Consulat puis l'Empire, **Napoléon fonde un régime autoritaire basé sur la grandeur de la nation et l'esprit de conquête**. De victoires en défaites, il conduit le régime à sa perte et au retour de la monarchie après avoir doté l'État de structures administratives qui perdurent encore aujourd'hui : entre autres, centralisation de l'État, Code civil, autorité préfectorale, organisation de la justice, grandes écoles et lycées.

Sous la Restauration, pendant quinze ans, Louis XVIII en voulant « nationaliser la royauté et royaliser la nation », **octroie la Charte (4 juin 1814) qui garantit les conquêtes sociales de la Révolution** : l'égalité devant la loi, l'admissibilité de tous à tous les emplois, la propriété des biens nationaux, le Code civil, la liberté de culte bien que la religion catholique reste religion d'État. À droite, certains refusent la Charte tandis qu'à gauche, d'autres refusent d'accepter les Bourbons : la lutte de ces deux clans irréconciliables résume l'histoire de la Restauration.

Après la mort de Louis XVIII en 1823, Charles X, imbu de sa supériorité, frivole et intransigeant, veut rétablir un régime autoritaire **avec la promulgation des lois et ordonnances réactionnaires (juillet 1830)**. Pour défendre les libertés politiques menacées, le peuple de Paris se soulève et a raison des Bourbons en trois journées révolutionnaires, **les Trois Glorieuses (27, 28, 29 juillet 1830)**. Afin d'éviter la République, les députés et les pairs se rallient à la candidature du duc d'Orléans proclamé roi sous le nom de Louis-Philippe Ier, instituant ainsi la Monarchie de juillet.

Sous le règne de Louis-Philippe « Roi-citoyen », **la France fait son apprentissage de la vie politique** grâce au développement de l'instruction, de la presse, de l'empire colonial et des progrès scientifiques. Or, désireux de diriger seul les affaires publiques, le roi brouille les chefs conservateurs, installant l'instabilité gouvernementale. La grave crise économique commencée en 1829, aggravée par les crises financière et industrielle conduit l'opposition à exploiter le mécontentement général dû au refus du roi d'adopter les réformes électorales, à exiger le départ du souverain et à proclamer la République le 25 février 1848.

Cette succession de régimes politiques à un rythme rapide indique une accélération de l'histoire dans un contexte politique et social agité. Si l'Ancien Régime éveille parfois des nostalgies, le retour à l'ordre ancien est définitivement exclu même si les partisans de la démocratie et du progrès se heurtent encore aux royalistes. Certes, la fluctuation des idées éclaire les bouleversements politiques mais aussi les changements d'opinion dont celui de Lamartine qui, ultra-royaliste en 1815, devient membre du gouvernement au moment de la Révolution de 1848.

2. La France après 1848

La Seconde République (1848-1852), proclamée dans l'euphorie de la Révolution de 1848, rallie la majorité du pays tandis que la situation du peuple demeure catastrophique. Des batailles de rues ensanglantent Paris

(23-26 juin), menacent la République tandis que **Louis-Napoléon est élu peu de temps après à la présidence de la République. Il organise un coup d'État (2 décembre 1851)** suscitant la réaction de Victor Hugo, Baudin et Schoelcher qui, avec d'autres républicains tentent en vain de soulever les ouvriers : Hugo et ses amis seront expulsés avec soixante députés « pour des raisons de sûreté générale » ; déjà s'annonce le Second Empire.

Le Second Empire (1852-1870)

De 1852 à 1860, l'Empire soutenu par les classes rurales qui lui resteront toujours fidèles, puis par la bourgeoisie et le clergé, instaure un régime de dictature. La nullité de la vie politique contraste singulièrement avec les fêtes impériales, la vie mondaine, le développement des affaires et la spéculation. **À partir de 1860, l'Empire devenu plus libéral, connaît une période de prospérité grâce à l'industrialisation et aux progrès scientifiques** ; ceci permet à l'opposition républicaine de s'organiser. Zola dans *L'Argent* et *La Curée*, Victor Hugo dans *Napoléon le petit* comme la plupart des écrivains dénoncent cette facilité apparente et le règne de l'argent roi au moment où Flaubert écrit *L'Éducation sentimentale*. C'est pourquoi miné par l'opposition intérieure, les grèves (1869-1870), la guerre franco-prussienne, le régime impérial s'effondre après le désastre de Sedan et la République est proclamée.

La guerre franco-allemande et la Troisième République

Depuis la fin de l'année 1866, l'antagonisme franco-allemand ne cesse de croître jusqu'à la proclamation de la guerre (juillet 1870) à cause des visées de la France sur le Luxembourg, du problème posé par la vacation du trône en Espagne et du désir de la Prusse de cimenter l'unité nationale par une guerre. Or, **si la Prusse est prête pour la guerre, la France ne l'est pas.**

Lorsque la guerre est déclarée, Maupassant âgé de vingt ans en août 1870, est mobilisé, puis versé dans l'Intendance. On ignore s'il a participé aux rudes combats parce qu'il s'est peu livré sur cette année terrible qui pourtant inspirera ses récits de guerre. Sous l'impulsion de Gambetta qui organise la résistance en province, les armées incapables de forcer la victoire, témoignent néanmoins de la vitalité du patriotisme de même que de la capacité du pays à résister à l'occupant ennemi. **Paris, assiégé, bombardé, menacé de famine, tente sans succès des trouées pour se libérer alors que les prussiens occupent une partie du pays.** Hormis l'épisode sanglant de la Commune, réprimé de façon impitoyable (mars-mai 1871) et des débuts difficiles, la Troisième République marque la réussite d'un régime démocratique sur une longue durée.

Pendant cinq ans, le régime connaît une période de crise due à deux tentatives de restauration de la Monarchie par Mac-Mahon (1873 et 1877) et au vote des lois constitutionnelles (1875). Rendus maîtres de tous les pouvoirs politiques par la crise de mai 1877, les républicains décident la révision de la Constitution, le rétablissement de la fête nationale du 14 juillet, l'amnistie des condamnés de la Commune en 1880, année de la parution des *Soirées de Médan* et de la mort de Flaubert.

Boule de suif comme les autres récits du recueil raconte un épisode de la guerre franco-allemande. Le choix de ce thème montre le souci d'hommes jeunes qui ont vécu la guerre de se pencher sur ce passé pour se dresser contre les mensonges officiels destinés à masquer la réalité du désastre, à calmer l'orgueil national blessé et à montrer à partir de ce « vécu fondateur », les ravages et les atrocités commises en son nom. La guerre est un piège qui décime certes le vaincu, mais amoindrit aussi le vainqueur. Toute sa vie, Maupassant dénoncera la guerre.

III. LE CONTEXTE LITTÉRAIRE ET ARTISTIQUE :
LE PARCOURS D'UN INDÉPENDANT

1. Du romantisme au réalisme*

Le romantisme qui débute en Europe vers 1770, se développe et connaît son apogée en France en littérature et dans les arts dans la première moitié du XIXe siècle avant de décliner après 1850. Il trouve son origine à la fois dans la réaction qu'engendrent la régularité classique et le rationalisme des siècles précédents et dans l'intérêt accordé à certaines valeurs esthétiques et morales incarnées jusqu'alors par la poésie. Apparu d'abord en Angleterre puis en Allemagne, le romantisme présente différents aspects selon les pays. Si en Angleterre, le lyrisme se manifeste essentiellement au théâtre et en poésie, en Allemagne, le courant romantique désigné par l'expression « ***Sturm und Drang****»* (Tempête et assaut), illustré par Goethe, Schiller et Beethoven met l'accent sur la spiritualité, la métaphysique et l'enracinement national. En Suisse, patrie de Jean-Jacques Rousseau et de Germaine de Staël, s'expriment le sentiment de la nature et de l'infini, la croyance en une bonté naturelle de l'homme et un lyrisme poétique libéré de règles. Aussi, les *Souffrances du jeune Werther* (1774), « *Bildungsroman** », ont autant d'influence sur les hommes de lettres français que les *Confessions* de Rousseau (posthumes, 1782, 1789). Ainsi quatre grands thèmes se dégagent du romantisme : **le sentiment religieux** avec l'évocation de l'homme sous son aspect spirituel ; **le lyrisme** avec le choix d'un langage passionné et le désir de faire partager ses émotions ; **la recherche du pittoresque** pour exalter le monde extérieur, enfin, le souci de **se libérer des règles du classicisme** énoncées par Boileau à la fin du XVIIe siècle. Dès lors, le romantisme engendre un conflit de générations : les conservateurs restent attachés à l'imitation des Anciens, grecs et latins, et à l'idéal de mesure et de retenue hérité du classicisme par opposition aux romantiques, audacieux, passionnés, attentifs à leurs affres extérieurs.

En France, la situation d'humiliation qu'engendrent la chute de l'Empire et la défaite, suscite **le réveil d'un nationalisme littéraire et le rejet des œuvres anglaises et allemandes**. Sous la Restauration, pour les libéraux comme pour les royalistes, ce protectionnisme littéraire constitue une sorte de défense de la littérature nationale et un refus de valider l'occupation étrangère. On assiste à l'exaltation du passé national, à la nostalgie du Moyen Âge, à la recherche du cosmopolitisme, de l'exotisme et de la couleur locale tout en se laissant aller à la mélancolie. Le « **mal du siècle** » frappe une génération d'écrivains, « **génération présente et perdue** » (cf. Musset, *La Confession d'un enfant du siècle*[1], 1836) qui trouve dans l'histoire contemporaine et dans les troubles politiques et sociaux les raisons de son incapacité à agir, s'épanouir, aimer, croire en l'existence de Dieu, en un mot à vivre. À travers ses héros, Chateaubriand est un des premiers à représenter non seulement ce « **vague des passions** » que Benjamin Constant désigne comme « une des principales maladies morales du siècle » mais surtout son angoisse face à la médiocrité du monde environnant. Il écrit dans *René* :

> J'ai voulu peindre cet état d'âme des facultés jeunes, actives, entières mais renfermées, qui ne sont exercées que sur elles-mêmes, sans but et sans objet.

---

1. Cf. l'étude sur *La Confession d'un enfant du siècle*, par D. Pernot, coll. « Résonances », Ellipses, 1998.

Guidé par le sens de l'honneur, il croit à la valeur exceptionnelle de son destin tout en affirmant l'originalité de son être et en réhabilitant le **moi** : « Si le moi y revient souvent, c'est que cet ouvrage a d'abord été entrepris pour moi et pour moi seul » (*L'Essai*). Conscient de son rôle d'initiateur, il manifeste dans ses *Mémoires d'outre-tombe* **cette exaltation du moi** et sa volonté de singularité quitte à prendre le risque d'une rupture avec une société qui rejette l'expression et les valeurs de la singularité :

> Qu'il faille s'en féliciter ou non, mes écrits ont teint de leur couleur grand nombre des écrits de mon temps.

Dans les *Méditations* (1820), Lamartine écrit :

> Je n'imitais plus personne, je m'exprimais **moi-même** pour **moi-même**. Ce n'était pas un art, c'était un soulagement de mon propre cœur qui se berçait de ses propres sanglots.

Puis, Musset constate en 1831, à propos de *La Confession d'un enfant du siècle* :

> Ce qu'il faut à l'artiste et au poète, c'est l'émotion. Quand j'éprouve en faisant un vers, un certain battement de cœur que je connais, je suis sûr que mon vers est de la meilleure qualité que je puisse pondre.

Ces thèmes repris par les écrivains romantiques précisent les nouvelles sources d'inspiration du poète, le désir d'exprimer les sentiments et les passions du moi, de dévoiler l'intimité, les rêves, les angoisses et les fantasmes pour authentifier les émotions et les convictions qui les suscitent. Désormais, **le statut du texte littéraire change**, même si on doit distinguer **un romantisme libéral** favorable aux idées politiques nouvelles, mouvement représenté par Stendhal et **un romantisme conservateur** défendu par Victor Hugo, favorable à la monarchie. Mais, la déception provoquée par la Restauration et l'opposition qui s'en suit contribuent à dresser les romantiques contre un ennemi commun « les Anciens de l'Académie et d'ailleurs » et à unifier ces mouvements vers une tendance libérale en renouvelant les formes et les contenus de la poésie, du roman et surtout du théâtre.

Ce désir de renouveler l'inspiration apparaît aussi dans les arts. Désormais, les artistes romantiques abandonnent l'idéal antique, la grandeur des sujets, la netteté du dessin et la rigueur de la composition chers au peintre David et aux artistes du premier Empire et de la Restauration pour emprunter leurs sujets à l'histoire contemporaine. Ainsi, **Géricault, Delacroix, Goya** ou **Rude** préfèrent dramatiser et accentuer les motifs, bousculer les lois de la perspective, estomper les contours, amplifier les éclats de lumière et de couleur afin d'émouvoir voire de « choquer » le spectateur par l'impression de force et de mouvement se dégageant de leurs œuvres.

Victor Hugo, chef de file des Romantiques, fondateur du Cénacle romantique (Dumas, Gautier, Musset, Nerval, Nodier et d'autres écrivains contemporains) rejette dans la *Préface de Comwell* (1827) les règles du théâtre classique qualifiées d'« absurdités » et défend avec énergie lors de la célèbre bataille d'Hernani « **un genre nouveau, le drame romantique** ». D'ailleurs, ce drame en mêlant le tragique au comique devient une forme nouvelle où s'illustrent avec succès Musset (*Lorenzaccio*, 1824) et Vigny (*Chatterton*, 1835). Il témoigne de la volonté de mélanger les tons et les genres, de peindre en totalité la réalité des êtres, des choses et de l'histoire, de faire preuve de liberté en renonçant au système classique des unités fondées sur la « vraisemblance » **pour créer comme le demandait Stendhal de « grands drames en prose libérée »**. Débarrassé des règles et des modèles, l'écrivain romantique choisit librement ses thèmes et formes d'expression, puise à son gré dans la Nature et l'Histoire les détails et les faits les plus poétiques, donnant ainsi libre cours à son inspiration. Cette « **révolution esthétique** » en littérature et dans les arts permet de définir le caractère contestataire mais innovant du romantisme, visible dans cette revendication de « **totalité, liberté et transfiguration** » quels que soient les genres, poésie, théâtre, roman. Lié au roman par son origine étymologique, le romantisme ne pouvait ignorer ce genre dans lequel il opéra une transformation durable. Aussi, cette recherche de « totalité, liberté, transfiguration » apparaît également dans l'inspiration des romans marqués par trois tendances : l'une lyrique pour le roman sentimental, l'autre pittoresque pour le roman historique, la troisième engagée pour le roman social. Dans le roman sentimental, *Delphine* (1802), *Corinne ou l'Italie* (1807) de Madame de Staël, *Adolphe* (1816) de Benjamin Constant, *La Confession d'un enfant du siècle* (1836) d'Alfred de Musset, le romancier selon l'expression de Nerval « se brode sous toutes les coutures » (*À Alexandre Dumas*, 1853), se livre aux confidences, à l'introspection, à l'exaltation lyrique et module son moi à travers l'harmonie avec les éléments de la nature. **S'il ose affirmer sa présence dans son œuvre, se lire dans le monde environnant, c'est précisément parce que son rapport au monde comme d'ailleurs sa conscience du monde a changé.** Ce changement permet à l'écrivain romantique inspiré par *Ivanohé* de Walter Scott de témoigner **dans le roman historique** de sa nostalgie du passé, de son goût du pittoresque, de son refus d'un réel attristant, réel souvent mis entre parenthèses. Ce genre conquiert ses lettres de noblesse avec *Cinq Mars* (Vigny, 1826), *La Chronique du règne de Charles IX* (Mérimée, 1829), *Les Chouans* (Balzac, 1829), *Notre Dame de Paris* (Hugo, 1831) et affirme l'étroite relation de l'homme et du temps. En perte de vitesse, il connaît un regain d'intérêt quelques années plus tard lors du développement du feuilleton. *Les Trois Mousquetaires* (Dumas, 1844), *Vingt ans après* (Dumas, 1845), *Le Chevalier de Maison-Rouge* (Dumas, 1845) inscrivent le romanesque dans le temps pour dynamiser le récit et l'intrigue sous les couleurs de l'histoire. Or, l'histoire, ne se limitant pas au passé, les romanciers commencent à s'intéresser aux événements politiques et sociaux de leur époque qui appartient à l'histoire au même titre que les siècles passés. **Alors, ils s'engagent dans un nouveau combat pour le progrès social car la misère morale est souvent causée par la misère matérielle.** Comme le développement de la presse participe à la diffusion des idées démocratiques, l'écrivain procède **dans le roman social** à la peinture des milieux populaires avec l'intention de les défendre. George Sand dans *Simon* (1836), *Le Compagnon du tour de France* (1840), *Le Meunier d'Angibeault* (1845), Eugène Sue dans *Les Mystères de Paris* (1842), Victor Hugo dans *Les Misérables* qui sont selon Baudelaire « un plaidoyer pour les misérables », se livrent à l'inspiration militante et témoignent d'une prise de conscience de la nouvelle fonction du poète et des pouvoirs de l'œuvre littéraire. Dans une note liminaire des *Misérables* (1848), **Victor Hugo assigne un rôle humanitaire à son roman** :

> Tant qu'il existera, par le fait des lois et des mœurs, une damnation sociale créant artificiellement, en pleine civilisation, des enfers, et compliquant d'une fatalité humaine la destinée qui est divine ; tant que les trois problèmes du siècle, la dégradation de l'homme par le prolétariat, la déchéance de la femme par la faim, l'atrophie de l'enfant par la nuit, ne seront pas résolus ; tant que, dans certaines régions, l'asphyxie sociale sera possible ; en d'autres termes, et à un point de vue plus étendu encore, tant qu'il y aura sur la terre ignorance et misère, des livres de la nature de celui-ci pourront ne pas être inutiles.

2.   Du réalisme au naturalisme*

1848 constitue une année charnière marquée par l'apogée du romantisme bientôt suivie d'un rejet dû à la révolution de 1848 et à la répression sanglante des émeutes ouvrières. **La liquidation du romantisme sous le Second Empire et la Troisième République ouvrent la voie à d'autres courants littéraires.** En réalité, la prospérité économique engage certains écrivains à participer à la fête impériale tandis que d'autres dégoûtés de leur époque, préfèrent soit créer un monde imaginaire idéal tourné vers le spirituel, soit transposer le monde réel dans une œuvre parfaite, soit encore ces deux tendances se retrouvent parfois chez un même écrivain voire dans une même œuvre. **L'échec de 1848 pousse les écrivains déçus des illusions romantiques à concevoir une œuvre littéraire plus soucieuse de la réalité « humaine, sociale et naturelle » et à substituer l'observation du réel au romanesque.** Cette double réaction contre le classicisme académique et les aspirations romantiques du début du siècle se manifeste d'abord en peinture avec le désir de représenter avec exactitude la réalité humaine et sociale sans l'idéaliser. D'ailleurs, le positivisme et le socialisme naissant incitent les peintres à remettre à l'honneur le vécu, le quotidien urbain ou rural jusqu'alors écarté de la scène artistique. À ce sujet, le peintre Courbet écrit :

> Être à même de traduire les mœurs, les idées et l'aspect de mon époque, selon mon appréciation ; être non seulement un peintre, mais encore un homme ; en un mot, faire de l'art vivant, tel est mon but. (Préface du catalogue de l'exposition intitulée *Le Réalisme*, 1855)

Ces idées qu'il applique à ses tableaux dont celui intitulé « Un enterrement à Ornans » scandalise le public, déterminent le programme d'une école « Le Réalisme » dont le chef de file est Jules Champfleury. Dans ses écrits Champfleury désireux de doter le mouvement d'une doctrine, propose l'adhésion à quelques principes « œcuméniques » tels l'observation du réel, la recherche de l'objectivité, le recours à une documentation qui servira de caution ou de garant de l'œuvre, le souci du détail, l'adoption d'une démarche scientifique et de « l'écriture artistique », enfin une constante attention à la forme et à la description. Il affiche l'ambition de reproduire « le réel, le monde et l'histoire » comme s'il voulait photographier la réalité, montrer l'interaction de l'homme avec son milieu, y inscrire l'analyse d'un cas psychologique ou présenter les préoccupations d'une classe sociale. Toutefois, l'évolution de la société dans la deuxième moitié du XIXe siècle, notamment la démocratie et le libéralisme d'une part, le positivisme et le scientisme d'autre part, modifient quelque peu ces exigences. Selon les frères Goncourt :

> Le roman actuel se fait avec des documents racontés ou relevés d'après nature, comme l'Histoire se fait d'après des documents écrits. Les historiens sont des raconteurs du passé, les romanciers sont des raconteurs du présent.

Si les Goncourt adoptent un style de photographe, leurs romans annoncent déjà le naturalisme* qui, théorisé par Zola, reprend les principes généraux du réalisme* en les modélisant. Désormais, outre son caractère documentaire, **le roman peut traiter tous les sujets, devient même l'enjeu d'expérimentations permettant une construction et une organisation particulières de la réalité à partir de références essentiellement scientifiques.** Il écrit en 1880 dans *Le Roman expérimental* :

> Le roman n'a plus de cadre, il a envahi et dépossédé tous les autres genres. Comme la science, il est maître du monde [...] La nature est son domaine [...] [Mais peu] m'importe que l'écrivain déforme la réalité, la marque de son empreinte, s'il doit nous la rendre curieusement travaillée et toute chaude de sa personnalité.

Sans rompre avec le réalisme*, rivalisant avec la science, Zola prend la nature pour modèle tout en conservant une place de choix à l'imagination créatrice. Autour de lui se rassemblent des amis écrivains, Daudet, Flaubert, les Goncourt, Tourgueniev et de jeunes disciples, Maupassant, Huysmans, Céard, Hennique, Alexis, qui se réclament du naturalisme* et le reconnaissent comme maître. Avec ses disciples, Zola constitue le **Groupe de Médan**, du nom du village où il les reçoit dans sa maison de campagne, et ils publient en 1880, un recueil collectif *Les Soirées de Médan*, **sorte de manifeste du naturalisme* où paraît la nouvelle *Boule de suif* de Maupassant.** Ce récit, salué par la critique unanime comme un chef-d'œuvre, lui procure un succès immédiat et marque l'entrée de son auteur dans le monde des lettres.

3. La préface de *Pierre et Jean* : *Le Roman* (1887)

Dans ses premières œuvres, héritier en littérature de Balzac, Flaubert et Zola, Maupassant prend ensuite ses distances avec le réalisme* et le naturalisme* et expose dans l'étude sur *Le Roman* qui sert de préface à *Pierre et Jean* sa conception de l'œuvre romanesque :

> Le réaliste, s'il est artiste, cherchera, non à nous montrer la photographie banale de la vie, mais à nous en donner la vision plus complète, plus saisissante, plus probante que la réalité même [...]
> La vie encore laisse tout au même plan, précipite les faits ou les traîne indéfiniment. L'art, au contraire, consiste à user de précautions et de préparations, à ménager des transitions savantes et dissimulées, à mettre en pleine lumière par la seule adresse de la composition, les événements essentiels et à donner à tous les autres le degré de relief qui leur convient, suivant leur importance, pour produire la sensation profonde de la vérité spéciale qu'on veut montrer.
> Faire vrai consiste donc à donner l'illusion complète du vrai, suivant la logique ordinaire des faits, et non à les transcrire servilement dans le pêle-mêle de leur succession.
> J'en conclus que les Réalistes de talent devraient s'appeler plutôt des Illusionnistes.

Sous l'impulsion de Flaubert, son regard s'est aiguisé, il **sait maintenant appréhender la « magie » des êtres, des choses et du monde** pour les évoquer avec maîtrise et justesse dans l'ensemble de son œuvre :

> — Le talent est une longue patience — Il s'agit de regarder tout ce qu'on veut exprimer assez longtemps et avec assez d'attention pour en découvrir un aspect qui n'ait été vu et dit par personne. Il y a, dans tout, de l'inexploré parce que nous sommes habitués à ne nous servir de nos yeux qu'avec le souvenir de ce qu'on a pensé avant nous sur ce que nous contemplons. La moindre chose contient un peu d'inconnu. Trouvons-le [...] C'est de cette façon qu'on devient original.

Comme le quotidien ne révèle rien d'« exceptionnel », l'art du récit consiste à le présenter de telle façon qu'il produise cette « **quintessence de vie** » et donne à voir les personnages de l'intrigue à travers le regard du romancier, procédant ainsi à une esthétisation du quotidien.

L'ŒUVRE EN EXAMEN

I. COMPOSITION ET UNITÉ DU RECUEIL
BOULE DE SUIF ET AUTRES NOUVELLES

1. Présentation et résumé des nouvelles du recueil

Publié en 1901 par les Éditions Ollendorf, le recueil intitulé *Boule de suif* présentait dans un ordre différent les mêmes nouvelles que notre ouvrage de référence pour lequel Louis Forestier a adopté l'ordre chronologique de publication des contes. Il a repris le texte de l'édition originale pour ceux publiés du vivant de l'auteur et celui de l'édition préoriginale pour les autres. En voici le sommaire : *Boule de suif, Auprès d'un mort, La Serre, La Moustache, Un duel, L'Ami Patience, Une soirée, Une vendetta, Le Vengeur, L'Attente, Première neige, Coco, Rose, Le Protecteur, La Parure, Le Bonheur, La Chevelure, Le Crime au père Boniface, Le Lit 29, L'Aveu, La Dot.*

Certains volumes de contes et de nouvelles constitués et publiés après la mort de Maupassant forment un ensemble quelque peu hétérogène, mais cette disparité se manifestait déjà dans ceux publiés de son vivant. En effet, les critiques littéraires lui avaient reproché de constituer des recueils en fonction du nombre de pages et d'impératifs commerciaux sans se soucier outre mesure de leur contenu. **Or, le recueil *Boule de suif et autres nouvelles* composé de vingt et une nouvelles, dont la principale est sans conteste *Boule de suif*, présente une certaine unité.** Cette unité tient aux divers thèmes traités dont certains fédèrent l'œuvre de Maupassant : il les reprend, les développe, les organise différemment selon les nouvelles, les contes, les chroniques et les romans. Aussi, retrouve-t-on dans l'ensemble du volume des motifs qui lui sont chers, ce qui lui confère une évidente cohérence et rend possible un regroupement des nouvelles suivant les thèmes traités. Toutefois, lorsque deux voire trois thèmes sont abordés dans la même nouvelle, le classement thématique tiendra compte du thème dominant.

A. LA GUERRE ET LA PROSTITUTION

Les thèmes récurrents du recueil concernent d'abord la guerre dont les méfaits longuement évoqués sont repris dans *Boule de suif*, *Un duel*, *Le Lit 29* et plus rapidement dans *La Moustache*. Mobilisé en 1870, Maupassant situe l'action de ses nouvelles au cours de l'hiver 1870-1871.

• *Boule de suif* (*Les Soirées de Médan*, avril 1880)

Au cours de l'hiver 1870-1871, lors de la guerre avec la Prusse, les Prussiens envahissent une partie de la France, occupent la Normandie et entrent dans Rouen. Cette invasion décide une dizaine de personnes dont une prostituée surnommée Boule de suif à quitter la ville pour diverses raisons afin de se rendre au Havre. Là, elles pourront poursuivre leurs activités ou se réfugier en Angleterre et y attendre la fin de la guerre. Les préparatifs de départ se prolongeant, les voyageurs se trouvent engagés dans un voyage plus long que prévu. Installés dans la diligence, tous considèrent Boule de suif, une femme publique, avec le plus grand mépris tandis que quelques-uns des voyageurs entament une conversation anodine. Comme la neige ralentit la progression de la diligence, les voyageurs ne peuvent pas déjeuner à l'auberge de Tôtes comme ils l'avaient d'abord envisagé. Or, au début de l'après-midi, affamés, sans la moindre possibilité de se ravitailler, ils finissent en désespoir de cause par accepter de partager les appétissantes provisions que seule Boule de suif a préparées pour le voyage. Le repas terminé, ils se trouvent dans l'obligation de se conduire plus poliment avec elle, la remerciant ainsi de son geste. À l'étape, à l'auberge de Tôtes, un officier prussien contraint les voyageurs à quitter la diligence pour vérifier leurs papiers, puis convie Boule de suif à un entretien privé qui suscite la fureur de la jeune femme. Le lendemain, sans explication, il refuse aux voyageurs l'autorisation de poursuivre leur route. Le soir, ces derniers apprennent qu'ils repartiront seulement si Boule de suif lui accorde ses faveurs. Patriote et bonapartiste, elle refuse avec la plus grande détermination, soutenue d'abord par ses compagnons de voyage. Mais, la situation menaçant de durer, ils entreprennent de la convaincre de satisfaire l'officier dans l'intérêt de tous. Harcelée, désorientée, Boule de suif se rend à leurs arguments, accède à la demande du prussien pendant que ses compagnons fêtent la réussite de leur conspiration. Au matin, lorsque la diligence repart, tous l'ignorent et la dédaignent avec ostentation. À l'heure du repas, ils mangent sans se soucier d'elle qui, pour ne pas les retarder, n'a pas pris le temps de penser au repas. Elle pleure isolée, humiliée, trahie sous leurs regards pleins d'indifférence et de mépris.

- ## *Un duel* (*Le Gaulois*, août 1883)

Si l'atmosphère de privations et de rigueur reste sous-jacente dans cette nouvelle, la guerre provoque parfois l'affrontement involontaire d'hommes et de femmes que rien ne destinait à se battre. Dans *Un duel*, le conflit entre la France et la Prusse met aux prises M. Dubuis avec un officier prussien. Si leur combat singulier et inattendu tient du règlement de comptes, il souligne le caractère dérisoire de la guerre qui fait de M. Dubuis un héros malgré lui. Fuyant la France occupée par les prussiens, M. Dubuis, un ancien de la garde nationale de Paris, riche marchand bedonnant et pacifique, se rend en Suisse par le train afin d'y rejoindre son épouse et leur fille envoyées à l'étranger avant l'invasion. Il trouve deux anglais ventrus installés dans son compartiment puis à la gare d'une petite ville, un officier prussien monte à son tour, prend place à côté d'eux, nargue M. Dubuis, se vante d'avoir fait plus de cent prisonniers et déclare que la Prusse dominera bientôt tous les autres pays d'Europe. Inquiets de ce discours vindicatif, les anglais le regardent mettre ensuite ses bottes contre la cuisse de M. Dubuis. Ce dernier n'ayant pas de tabac, il lui demande d'aller lui en acheter lorsque le train s'arrêtera. À l'arrêt, le Français s'élance sur le quai mais au lieu d'acheter du tabac pour le Prussien se précipite dans le compartiment voisin. À la station suivante, l'officier prussien surgit devant lui suivi des deux anglais. Pour le punir de sa désobéissance, il entreprend de lui couper la moustache afin d'en bourrer sa pipe, lui arrache une pincée de poils lorsque soudain furieux, M. Dubuis le frappe violemment à coups de poing. Surpris, incapable de riposter et de se défendre, le prussien exige réparation par un duel au pistolet. À l'arrêt du train, il emprunte deux pistolets à des compatriotes et entraîne M. Dubuis suivi des anglais sur les remparts. Après les formules d'usage, M. Dubuis qui n'avait jamais tenu un pistolet de sa vie, tire « au hasard » sur le Prussien qui s'effondre raide mort. Alors, les trois voyageurs regagnent leur wagon et là, les Anglais serrent la main de M. Dubuis puis regagnent leur place.

- ### *L'Ami Patience* (*Gil Blas,* septembre 1883)

Prostituées et entretenues, Boule de suif et Irma sont des proies faciles pour les soldats prussiens lorsque leurs amants en titre sont envoyés au front. Mieux protégées, d'autres prostituées œuvrent en maison comme dans *L'Ami Patience*. Dans un cadre autre que celui de la guerre Gontran Lardois, inspecteur des finances, retrouva dans un café au cours d'un tournée d'inspection à Limoges, un de ses camarades de collège Robert Patience. Les deux hommes évoquèrent des souvenirs communs, puis Patience invita Lardois à déjeuner chez lui, à midi le lendemain. Quand le trésorier-payeur général de la ville conduisit Lardois au domicile de son ami, il eut une réaction choquée en le quittant. Lardois entra dans une sorte d'hôtel avec un jardin derrière puis, fut introduit dans un salon dont le décor oriental, les peintures, le mobilier de parvenu, l'odeur fade et lourde le surprirent. Par la fenêtre, il aperçut trois femmes qui se promenaient en se tenant par le bras. À peine entré, Patience lui avoua radieux en désignant les femmes qu'il avait commencé avec rien, sa femme et sa belle-sœur. La fin de la nouvelle révèle l'activité de Patience... (et des trois femmes dont l'apparition séduit le visiteur) ainsi que la sensualité de Maupassant et son attirance pour la femme et l'amour.

- ### *Le Lit 29* (*Gil Blas,* juillet 1884)

Dans *Le Lit 29*, la guerre sert de toile de fond à l'aventure d'Irma, la belle prostituée rouennaise et du capitaine Épivent. Bel homme, le capitaine Épivent, séducteur invétéré, terreur des amants et des maris, collectionnait les succès féminins dans les villes où il tenait garnison. Un jour, il attira l'attention de la belle Irma, la maîtresse d'un riche manufacturier de Rouen, M. Templier-Papon et, encouragé par son colonel, devint son amant. Ils étalèrent leur liaison au grand jour lorsqu'à la déclaration de la guerre, le capitaine fut envoyé à la frontière. Après les hostilités, décoré de la croix pour sa conduite héroïque, il revient à Rouen mais n'y trouva pas sa maîtresse qui, aux dires de certains, avait fait la noce avec l'état-major prussien, d'où son surnom « la femme aux prussiens ». Or, un matin, un commissionnaire lui remit un mot d'Irma qui, hospitalisée, gravement malade, réclamait sa visite. Il se rendit à son chevet, au service des « Syphilitiques » où elle occupait le lit 29. Il ne la reconnut pas : pâle, maigre, misérable, très changée, elle lui raconta qu'elle avait été prise de force par les prussiens, et qu'elle ne s'était pas soignée volontairement afin de contaminer un grand nombre de soldats ennemis. Gêné, il écourta sa visite et déclara de retour au régiment qu'Irma souffrait d'une fluxion de poitrine. Ce mensonge lui valut les moqueries de ses camarades, une remontrance du colonel et le décida à refuser tout contact avec elle. Quelques jours plus tard, lorsqu'un aumônier de l'hôpital lui demanda de se rendre au chevet d'Irma mourante, il ne la trouva pas changée, lui reprocha sa conduite avec les prussiens et surtout d'être pour lui la source de moqueries. Alors, elle se défendit affirmant qu'il était la cause de son malheur car il lui avait fait quitter M. Templier-Papon, qu'elle avait fait mourir par sa maladie plus de prussiens que lui et le traita de capon tandis qu'il se sauvait pour s'enfermer chez lui. Le lendemain, elle mourut.

B. LE MARIAGE : BONHEURS, MISÈRES ET AVATARS

• *La Serre* (*Gil Blas*, juin 1883)

À l'harmonie parfaite de ce couple s'oppose la mésentente conjugale de M. et Mme Lerebour, héros de *La Serre*, mésentente que Maupassant connaît bien pour avoir vécu celle de ses parents. Ce vieux ménage de commerçants à la retraite vivait dans une belle maison près de Mantes. Tyrannique, Mme Lerebour tracassait sans cesse son époux pour des motifs futiles. Une nuit, croyant entendre un voleur, elle le réveilla puis, le bruit cessant ils se rendormirent. Le lendemain, elle entendit de nouveau du bruit : « on a ouvert la porte du jardin ». Cela décida M. Lerebour à défendre sa propriété alors que peureusement son épouse se barricadait dans la chambre conjugale. Au bout d'un moment il la rejoignit hilare déclarant que Céleste, leur bonne, avait fixé un rendez-vous à un homme dans la serre. Émoustillé, il saisit son épouse par la taille, l'embrassa et l'entraîna vers le lit. Le lendemain, ils accueillirent avec bonne humeur Céleste qui leur apportait leur petit déjeuner et depuis, ils vont parfois par les nuits claires jusqu'à la serre regarder ce qui s'y passe. M. Lerebour a maigri et a augmenté les gages de Céleste.

• *L'Attente* (*Le Gaulois*, novembre 1883)

Après un dîner entre amis, M. Le Brument, un illustre avocat raconta un drame épouvantable dont il avait eu connaissance six mois auparavant. Une femme mourante, fort riche, l'appela à son chevet et lui offrit une importante somme d'argent pour retrouver son fils disparu. Pour obtenir son aide, elle lui raconta son histoire. Avant son mariage avec un homme très fortuné dont elle eut un fils, elle avait aimé un jeune homme refusé par sa famille parce qu'il n'était pas assez riche. Mais, après son veuvage, bien qu'il fût marié, elle devint sa maîtresse et vécut heureuse douze ans. Or, un soir, son fils les surprit en train de s'embrasser, s'enfuit et disparut. Elle envoya son amant à sa recherche, puis folle de douleur à la suite de cette disparition, eut une fièvre cérébrale et à sa guérison, interdit à son amant de la revoir. Elle recommanda à M^e Le Brument de dire à son fils qu'elle n'avait plus jamais revu son amant, ensuite le pria de partir et de la laisser mourir seule. Malgré ses recherches, l'avocat n'avait pas retrouvé ce fils qu'il considèrait comme un criminel.

- *Le Bonheur* (*Le Gaulois*, mars 1884)

Si l'amour entre les êtres semble à Maupassant fugace et voué à l'échec, il raconte dans *Le Bonheur* l'histoire d'un couple exemplaire, invraisemblablement heureux. À l'heure du thé, au bord de la Méditerranée, un vieux monsieur évoque un heureux souvenir. Cinq ans auparavant, au cours d'un voyage en Corse, il a fait la connaissance d'un vieux couple habitant une petite chaumière au fond d'un étroit vallon. Une vieille très propre vit là depuis cinquante ans avec son époux, un vieil homme sourd de quatre-vingt-deux ans. Elle est continentale, parle le français de France et engage la conversation avec son hôte qui voyage pour son plaisir. Le sachant originaire de Nancy, elle l'interroge sur l'aristocratie de la ville, puis lui avoue être la sœur du général Henri de Sirmont. Jadis belle et riche, Suzanne de Sirmont a été enlevée par un sous-officier de hussards du régiment commandé par son père et a disparu avec lui. Comme cet homme l'a rendue très heureuse, elle n'éprouve aucun regret, acceptant sa pauvre existence monotone presque misérable pour ce bonheur complet qui se contente de « si peu ». À la fin du récit, une femme trouve son idéal trop facile, une autre juge qu'elle fut heureuse.

- *Le Crime au père Boniface* (*Gil Blas*, juin 1884)

Dans ce récit, les étreintes d'un couple de jeunes mariés paraissent si agressives au facteur Boniface qu'elles évoquent un meurtre. Pendant sa tournée, le facteur Boniface se mit à lire à la page des faits divers du journal qu'il devait porter au nouveau percepteur, M. Chapatis, le récit d'un crime accompli dans le logis d'un garde-chasse. Arrivé au domicile du percepteur, étonné par la porte et les volets clos, il fit le tour de la maison sans rien remarquer de suspect lorsqu'il entendit des soupirs suivis de gémissements et de cris. Craignant un crime, il courut chercher le brigadier ✦ et le gendarme auxquels il expliqua qu'on assassinait le percepteur. Aussitôt, les trois hommes partirent lui porter secours lorsqu'arrivés sur les lieux, le brigadier colla son oreille contre une planche de la maison, écouta les bruits, revint vers les deux hommes en riant et demanda au facteur de glisser sous la porte le journal et les lettres avant de faire un geste populaire polisson. Devant l'air abasourdi du facteur, il lui murmura quelques mots à l'oreille : le facteur avait pris l'épouse du percepteur pour une martyre et assimilé l'acte d'amour à une agression. Dans cette nouvelle, la manifestation du plaisir du jeune couple est d'abord prise pour une tentative d'assassinat car Maupassant qui veut montrer le caractère quelquefois agressif de la relation sexuelle joue à mêler l'amour et la mort comme dans plusieurs autres contes.

• *La Dot* (*Gil Blas*, septembre 1884)

Un jeune notaire, Me Simon Lebrument, épousa Jeanne Cordier, une riche jeune fille de Boutigny-le-Rebours, pourvue d'une confortable dot de « trois cent mille francs liquides en billets de banque et en titres au porteur ». En quelques jours, Me Lebrument sut se faire adorer de son épouse à laquelle il témoignait sans cesse son amour. Une semaine après leur mariage il voulut se rendre avec elle à Paris afin de payer à Maître Papillon la charge qu'il venait d'acheter. Son beau-père eut beau le raisonner et lui montrer l'imprudence de voyager avec une telle somme d'argent sur soi, le gendre ne voulut rien entendre. À leur arrivée à Paris, il refusa par économie de prendre un fiacre préférant voyager en omnibus afin de se rendre pour déjeuner au restaurant. Désireux de fumer une cigarette, il grimpa sur l'impériale engageant son épouse à occuper une place à l'intérieur. Surprise et attristée de se retrouver éloignée de lui, elle souffrit de la promiscuité qu'entraînait ce voyage. Au terminus, son mari avait disparu et, aux dires du conducteur, était descendu à la Madeleine : il l'avait abandonnée. Ayant seulement deux francs en poche, elle se mit à pleurer, se fit conduire chez son cousin Barral, sous-chef de bureau à la marine, lui raconta son histoire. Selon lui, le mari de sa cousine s'était enfui en Belgique en emportant sa dot... À cette nouvelle, elle s'effondra en sanglots.

C. L'ÉROTISME

• *La Moustache* (*Gil Blas*, juillet 1883)

L'action se déroule en septembre 1870 et permet à la narratrice de manifester sa fantaisie dans une lettre adressée à une amie Lucie, lettre où elle passe sans transition ni motif d'un sujet à un autre, comme on le fait souvent dans la conversation quotidienne. À cause du mauvais temps, la narratrice se distrait en jouant la comédie avec une amie et son époux qui a dû se raser la moustache pour interpréter le rôle de soubrette. Sans moustache, son mari lui déplaît, manque de sensualité car elle n'imagine pas l'amour sans moustache. D'ailleurs, jeune fille elle ressentait déjà de l'attrait pour cet attribut masculin et avait reconnu à leur moustache des soldats français morts au cours d'une bataille. La tristesse de cette évocation montre la cruauté de la guerre et constitue un réel contraste avec l'insouciance dont la narratrice avait fait preuve auparavant.

• *Rose* (*Gil Blas*, janvier 1884)

L'érotisme canaille de *La Moustache* se distingue de celui plus licencieux de *Rose* où la violence sexuelle se réalise dans le récit d'une mésaventure. Lors de la fête des fleurs à Cannes, Mme Margot et Mme Simone, deux jeunes femmes, participent au défilé dans un landau fleuri, lancent et reçoivent des bouquets de fleurs pendant que la foule amassée sur les trottoirs regarde le spectacle. Lassées par une heure de bataille de fleurs, elles demandent au cocher de suivre la route du golfe Juan qui longe la mer et se mettent à bavarder. Contrairement à Mme Simone, Mme Margot éprouve le besoin constant d'être aimée même d'un domestique voire d'un animal. Alors, Mme Simone raconte à son amie une aventure singulière qui lui était arrivée quatre ans auparavant. Grâce aux petites annonces d'un journal, elle avait trouvé une femme de chambre qui avait travaillé pendant dix ans chez une lady anglaise, bons certificats à l'appui et rentrait en France de son plein gré. Un entretien lui suffit pour engager cette jeune femme prénommée Rose qu'elle apprécia bientôt pour ses nombreuses qualités. Mais un matin, un commissaire de police se présenta en vue de perquisitionner dans l'hôtel particulier qu'elle habitait car il recherchait un malfaiteur caché, un criminel redoutable. Révoltée, elle déclara garantir tout son personnel qu'elle présenta néanmoins au commissaire. Quand Rose parut, deux hommes cachés derrière la porte se précipitèrent sur elle et la ligotèrent. Rose était en réalité un homme, Jean-Nicolas Lecapet, condamné à mort en 1789 pour assassinat précédé de viol. Son tatouage au bras droit confirma les soupçons du commissaire. Mme Simone se sentait humiliée en pensant à celle qu'il avait violée, ce qui suscita un sourire énigmatique de Mme Margot qui regardait d'un air bizarre les deux boutons luisants de la livrée du cocher.

- ### *La Chevelure* (*Gil Blas*, 1884)

Un homme, jeune, riche, amateur de meubles anciens et de vieux objets qu'il achète souvent, est obsédé par le désir des femmes d'autrefois : les objets qu'elles ont possédés le font rêver. Un jour, il tombe en admiration devant un magnifique meuble ancien du XVIIe siècle, l'achete, le fait livrer chez lui et l'installe dans sa chambre. Pendant une semaine, il adore ce meuble, ouvre ses portes, ses tiroirs, le manie avec plaisir. Or, un soir, en tâtant l'épaisseur d'un panneau, il s'aperçoit qu'il doit y avoir une cachette, réussit à faire glisser une planche et découvre sur un fond de velours noir une merveilleuse chevelure de femme, une énorme natte de cheveux blonds presque roux, liés par une corde d'or. Il tire la chevelure de sa cachette, se pose toutes sortes de questions à son propos et se mit à rêver. Chaque jour, il la prend, la sent, la caresse, enfin se met à rêver à la morte à laquelle elle avait appartenu. Alors, il se met à l'aimer, l'emporte partout : on le voit et on le jette en prison. Cet homme atteint de folie érotique et macabre avait tenu le journal de sa folie, ce qui la rendait d'autant plus palpable. Son manuscrit s'arrêtait là. En montrant la chevelure au narrateur, le médecin conclut pendant que l'homme pousse des hurlements effrayants, que l'esprit de l'homme est capable de tout, d'où une vive inquiétude à la fois sur la destinée humaine et l'angoisse de la mort.

D. LE FANTASTIQUE

- ### *Auprès d'un mort* (*Gil Blas*, janvier 1883)

Si le dénouement de *La Chevelure* illustre le pessimisme de Maupassant à propos de l'amour, de la mort et de la solitude humaine une autre nouvelle introduit le lecteur dans la chambre mortuaire où l'on veille Schopenhauer dans une atmosphère étrange.

Au bord de la Méditerranée, un jeune poitrinaire allemand montre au narrateur le livre de Schopenhauer qu'il tient à la main. Cet exemplaire en allemand annoté de la propre main du philosophe le conduit à raconter à son interlocuteur la rencontre d'un politicien français avec ce philosophe, ensuite la veillée funèbre de Schopenhauer par lui et un de ses amis. Au cours de cette veillée, les deux disciples voient quelque chose de blanc rouler sur le lit, tomber à terre, puis sur le tapis, enfin passer sous un fauteuil. Saisis d'épouvante, les deux amis cherchent par terre et découvrent le râtelier de Schopenhauer qui avait glissé de sa bouche à la suite du travail de décomposition du corps. Après le récit de leur effroi provoqué par cet événement insolite, le phtisique allemand regagne son hôtel.

E. L'OBSESSION

- *Une soirée* (*Le Gaulois,* **septembre 1883**)

Maître Saval, grand amateur de musique considéré comme un artiste dans Vernon, donnait de temps à autre des fêtes au cours desquelles quelques officiers, des femmes de la ville et lui-même chantaient. Désireux d'entendre l'opéra *Henri VIII* de Camille Saint-Saëns, il décida d'aller à Paris, mais arrivé deux heures avant la représentation, il se rendit à Montmartre afin d'y rencontrer dans des brasseries des artistes et les derniers bohèmes. Attiré par l'enseigne, il entra au « Rat mort » et attendit l'heure de l'absinthe. Un jeune peintre, M. Romantin, entra, commanda un repas tout en racontant au personnel et au patron qu'il allait pendre la crémaillère comme il le faisait à chaque terme tous les trois mois. Me Saval reconnut le jeune peintre qui avait obtenu une première médaille au dernier Salon, entra en conversation avec lui, expliqua l'objet de sa soirée à Paris et suscita une invitation pour la pendaison de la crémaillère. Il suivit M. Romantin, l'aida à faire le ménage et à remettre de l'ordre dans l'atelier lorsqu'ils furent interrompus par l'arrivée inattendue de la jeune maîtresse du peintre. À la suite d'une violente scène, Romantin fut obligé de la reconduire chez elle. Resté seul Me Saval continua à ranger l'atelier mais Romantin ne revenait toujours pas. Enfin, un groupe d'une vingtaine d'hommes et de femmes chargés de provisions envahit l'atelier en hurlant. Prenant Me Saval pour un larbin, ils lui demandèrent de dresser le buffet, d'arranger les provisions pour les servir. Me Saval expliqua sa situation, raconta son aventure, chanta, but, fut enivré par deux femmes, tomba, oublia tout. Il fut réveillé par une femme de ménage qui l'insulta. Il était nu, avait été déshabillé et couché : on lui avait pris tous ses vêtements et son argent. Il fut obligé de s'expliquer à nouveau, de prévenir des amis, d'emprunter de l'argent pour s'habiller et rentrer à Vernon. Depuis il traite la peinture d'art inférieur en la comparant à la musique.

- ### *Une vendetta* (*Le Gaulois*, octobre 1883)

La veuve de Paolo Saverini habitait seule avec son fils Antoine et leur chienne Sémillante une petite maison située sur les remparts de Bonifacio. Or, un soir, après une dispute, son fils fut tué par Nicolas Ravolati qui se sauva en Sardaigne la nuit même du meurtre et y reprit son métier de menuisier. La mère jura à son fils qu'elle le vengerait mais n'ayant personne pour poursuivre la vendetta, elle eut une nuit une idée qu'elle décida de mettre en œuvre après avoir longuement prié à l'église. Elle laissa la chienne Sémillante jeûner deux jours, puis la dressa à attaquer un manne- quin en forme d'homme, constitué de deux bottes de paille et habillé de vieux vêtements pour y trouver la nourriture qu'elle avait cachée, un boudin grillé. Pendant trois mois, elle fit régulièrement jeûner Sémillante deux jours puis l'obligeait à déchirer le mannequin pour obtenir en récompense le boudin grillé. Un dimanche matin, elle alla se confesser, revêtit des guenilles d'homme et se rendit en bateau en Sardaigne après avoir fait jeûner Sémillante deux jours et demanda l'adresse du menuisier Nicolas Ravolati. Elle ouvrit la porte de sa maison, l'appela et lâcha Sémillante qui l'attaqua mortellement au cou. Deux voisins se rappelèrent avoir vu un pauvre vieux avec un chien noir efflanqué qui mangeait quelque chose de brun donné par son maître. Après avoir vengé son fils, elle retourna chez elle et dormit bien cette nuit-là.

- ### *Le Vengeur* (*Gil Blas*, novembre 1883)

Antoine Leuillet éprouvait une jalousie posthume à l'égard du premier mari décédé de son épouse Mathilde. Après quinze mois de veuvage, Mathilde Souris épousa en secondes noces Antoine Leuillet, un ami de collège de son défunt mari, épousé pour sa fortune. Ils vivaient en bonne intelligence, dans la plus complète intimité, se révélant leurs pensées les plus secrètes. Mais Antoine Leuillet gardait une curieuse rancune contre le mari mort et se montrait désireux de tout connaître de lui et du passé de Mathilde, la questionnait sans arrêt à son sujet, manifestant ainsi une jalousie posthume à son égard. Il ne cessait de se valoriser au détriment du défunt et, voulant en savoir davantage sur leur intimité lui demanda si elle l'avait trompé, la seule idée de savoir Souris cocu le comblant de joie. Or, l'aveu de Mathilde au lieu de le satisfaire le bouleversa comme s'il avait été lui-même trahi. Alors, consciente du changement d'attitude de son époux, elle revint sur son aveu prétextant une blague pendant que soudain furieux, il se mit à la frapper. Honteux devant Mathilde en larmes, il ressentait pourtant contre elle une haine violente due au « possible » adultère commis pendant son mariage avec Souris.

• *Première neige* (*Le Gaulois*, décembre 1883)

À Cannes, une jeune femme quitte sa jolie petite maison sur La Croisette et va s'asseoir sur un banc vide devant la mer. Elle tousse, songe à sa mort prochaine et à sa vie passée. Mariée depuis quatre ans pour des raisons financières à un gentilhomme normand, elle ne s'était jamais habituée à la vie à la campagne, ne partageant aucune des distractions de son époux. Elle souffrait des hivers pluvieux, du froid, du mauvais temps et réclamait en vain un calorifère afin de se réchauffer. Après la mort de ses parents, elle apprit qu'elle n'aurait jamais d'enfants et ressentit une profonde solitude. Un jour, son mari lui acheta une chaufferette de cuivre qu'il appela un calorifère portatif mais refusa d'accéder à toutes ses demandes de voyage, de distractions ou d'installer un calorifère. Alors, elle décida de tomber malade, de tousser pour obtenir un calorifère : une nuit, elle sortit à demi-nue dans la neige, eut une fluxion de poitrine, demanda dans son délire un calorifère que son époux fit installer sur l'ordre du médecin. Comme elle ne guérissait pas, elle fut envoyée l'hiver dans le midi, retournant en Normandie au printemps. Elle appréhendait tellement les hivers normands qu'elle ne cherchait pas à guérir, pensant sans tristesse à sa mort prochaine pendant qu'elle lisait une lettre de son époux. Obnubilée par une idée fixe et désireuse de s'affirmer face à un époux autoritaire, cette jeune femme préféra renoncer à la vie plutôt qu'à son calorifère.

• *Coco* (*Le Gaulois*, janvier 1884)

Un vieux cheval, Coco, devint le souffre-douleur d'Isidore Duval surnommé Zidore, un garçon de ferme chargé de s'en occuper hiver comme été parce que sa propriétaire Mme Lucas souhaitait le nourrir jusqu'à sa mort naturelle à cause des souvenirs qu'il lui rappelait. Zidore enrageait de veiller aux besoins du cheval qu'il considérait comme inutile. Désobéissant aux ordres de Maître Lucas, il économisait sur la nourriture de la bête. L'été, en la conduisant dans la côte où poussait l'herbe grasse, il éprouvait de la haine contre elle qui lui valait d'être l'objet des moqueries des paysans. Aussi la martyrisait-il sans cesse. Pour se venger, il décida un jour de ne plus la déplacer, la laissant mourir de faim alors que poussait près d'elle de l'herbe bien grasse. Épuisé, affamé, battu à coups de pierre, le cheval mourut mais Zidore n'annonça pas la nouvelle à son maître, préférant vagabonder pendant le temps qu'il lui consacrait habituellement. Coco fut enterré par deux valets à la place où il était mort et où l'herbe poussa bientôt drue.

- ### *Le Protecteur* (*Gil Blas*, février 1884)

S'étant lié d'amitié au cours de son droit à Paris avec des étudiants qui faisaient de la politique, l'avocat Jean Marin apprit par les journaux qu'un de ses anciens camarades venait d'être nommé député. Il devint à nouveau son chien fidèle et se chargea pour lui de toutes les démarches. Peu après la nomination de cet ami comme ministre, il devint conseiller d'État. Fou d'orgueil, il annonçait son titre sans cesse et écrivait à qui voulait des lettres de recommandation adressées à tous les fonctionnaires de la République. Un jour de pluie, pour se protéger, il se réfugia sous une porte auprès d'un vieux prêtre à cheveux blancs, l'abbé Ceinture. Il engagea la conversation avec lui, l'interrogea sur les raisons de son voyage à Paris et lui proposa d'écrire trois lettres de recommandation destinées aux trois personnes qu'il devait rencontrer pour régler une affaire personnelle. Le lendemain, Marin apprit en lisant les journaux que l'abbé Ceinture était un conspirateur contre le gouvernement et un malfaiteur cassé par un évêque pour de très graves motifs. Il se rendit alors chez un de ses collègues auquel il avait recommandé le prêtre, déclara avoir été abusé par le curé, écrivit une lettre à l'archevêque de Paris pour tenter de justifier sa conduite. Puis, s'adressant à son collègue, il prit la décision de ne jamais plus recommander personne.

- ### *La Parure* (*Le Gaulois*, février 1884)

Mathilde Loisel, une jolie jeune femme souffrait d'être mal mariée à un petit commis de l'Instruction publique car, élevée dans un couvent, elle avait rêvé d'une existence semblable à celle de son amie, la riche Jeanne Forestier. Or, un soir d'hiver, son mari rapporta une invitation à leur intention pour une soirée au ministère. N'ayant pas de vêtements corrects pour s'y rendre, elle refusa cette invitation mais après une brève discussion, son époux lui donna les quatre cents francs nécessaires pour trouver une toilette appropriée à la réception. Trois jours avant la fête comme elle regrettait l'absence de bijou pour égayer sa toilette, son époux lui conseilla d'en emprunter un à son amie Mme Forestier. Cette dernière la laissa choisir parmi ses bijoux une superbe rivière de diamants. Le soir de la fête, Mme Loisel eut un beau succès et dansa jusqu'à quatre heures du matin tandis que son époux dormait dans un petit salon avec trois autres messieurs. Ils partirent précipitamment, ne voulant pas montrer les modestes vêtements apportés pour la sortie. De retour chez elle, Mme Loisel s'aperçut qu'elle avait perdu la rivière de diamants de son amie. Elle et son mari la cherchèrent partout en vain et ne la retrouvant pas, durent se résoudre à emprunter dix huit mille francs pour en acheter une identique. Pour la payer et rembourser leurs dettes, M. et Mme Loisel travaillèrent jour et nuit pendant dix ans : lui faisait des comptes et des copies, elle de durs ménages. Mme Loisel avait changé, vieilli, elle était devenue forte et rude. Or, un jour, en se promenant sur les Champs Élysées, elle aperçut Mme Forestier toujours jeune et belle qui promenait un enfant. Elle s'approcha d'elle et la salua. Comme son amie ne la reconnaissait pas, elle lui raconta les énormes privations consenties pour payer la rivière de diamants. Tout émue, Mme Forestier avoua à Mme Loisel que son collier qui était faux, valait au plus cinq cents francs.

Ce besoin irraisonné de plaire a ruiné la vie du couple Loisel : en voulant échapper à une vie médiocre, Mathilde Loisel s'est préparé un destin encore plus misérable.

• *L'Aveu* (***Gil Blas,*** **juillet 1884**)

Céleste Malivoire s'effondra en larmes lorsqu'elle avoua sa grossesse à sa mère effarée. Riches paysannes normandes, la mère et la fille Malivoire s'occupaient des récoltes et des vaches lorsque Céleste révéla à sa mère stupéfaite que le père était le cocher Polyte, un propre à rien, un gars sans le sou. Après l'avoir longuement battue, la mère Malivoire voulut connaître les circonstances de cette aventure. Céleste raconta qu'après avoir longtemps refusé les avances de Polyte, elle les avait acceptées afin de ne plus payer le voyage pour se rendre au bourg où elle vendait les produits de la ferme. Par un rapide calcul la mère évalua le montant des économies réalisées et demanda à sa fille de ne rien dire de sa grossesse à Polyte afin de gagner encore six ou huit mois.

La présentation de ces contes qu'on peut regrouper parmi « les contes de l'obsession » obéit à l'ordre de leur parution. Plusieurs d'entre eux présentent des personnages hantés par une idée fixe qui retient toute leur énergie.

Ces derniers s'assignent un objectif précis qu'ils cherchent à atteindre avec obstination en dépit des difficultés mais très vite, ce but sur lequel ils se focalisent devient une véritable obsession à laquelle ils donnent libre cours. L'esprit obnubilé, ils perdent le sens des valeurs et adoptent un comportement psychotique avec des répercussions quelquefois désastreuses pour eux-mêmes et pour autrui. **Ces contes illustrent les graves dommages qu'engendrent ces conduites excessives.**

2. *Boule de suif* : l'œuvre et ses personnages

Placée en tête de différents volumes de contes, *Boule de suif* sert de titre à ces recueils et recrée l'atmosphère de l'invasion, la défaite et la guerre franco-prussienne de 1870 que Maupassant, soldat à vingt ans, a réellement vécues même s'il en parle peu. Tirée d'un fait réel que lui a rapporté son oncle Cord'homme, la nouvelle *Boule de suif* raconte une mésaventure survenue à Adrienne Legay, une prostituée de Rouen, pendant l'occupation prussienne en Normandie.

A. LE SYSTÈME DES PERSONNAGES : LES RÉFÉRENCES, L'ÊTRE ET LE FAIRE

Censés appartenir à différentes classes sociales, **les protagonistes de** *Boule de suif***, personnages de fiction, représentent une micro-société de l'époque.** Ainsi, Maupassant a-t-il voulu créer des types littéraires représentatifs de la France de la fin du XIXe siècle, en faire un portrait et, en s'inspirant de personnes réelles, les rendre vraisemblables.

Après avoir situé le cadre de son récit, Maupassant campe individuellement ses personnages tandis que le narrateur-observateur dresse un portrait de chacun plus ou moins détaillé selon son importance dans l'histoire. Nous présenterons d'abord les personnages qui voyagent seuls (voyageurs, religieuses, couples) puis les non voyageurs qui résident à Tôtes.

– LES VOYAGEURS

• Boule de suif

Héroïne de la nouvelle, Boule de suif a pour modèle réel une prostituée de Rouen, Adrienne Legay, affublée du même sobriquet et maîtresse d'un officier de cavalerie, ensuite d'un commerçant de Rouen. L'oncle de Maupassant, Charles Cord'homme, second époux de Louise de Maupassant, la tante de Guy, aurait raconté la mésaventure d'Adrienne Legay à son neveu. Quelques années plus tard, Maupassant rencontrera par hasard la jeune femme dans une loge du théâtre de Rouen, se présenta et l'invita à dîner. Après s'être « mise à son compte », elle finit misérablement sa vie et se suicida parce qu'elle ne pouvait plus payer son propriétaire (François Tassart, *Nouveaux Souvenirs intimes sur Guy de Maupassant*).

Femme galante, sa rondeur et son embonpoint lui valent le surnom donné par des clients qui apprécient autant ses charmes physiques que sa sensualité. Si le suif évoque la graisse, **cette allusion à la corpulence de la jeune femme la désigne aux yeux d'autrui comme un « corps-objet à consommer »** que le narrateur décrit avec force détails. Il fait d'elle un portrait surtout physique et emploie à dessein le lexique de la consommation, d'abord de nourriture : « graisse à lard », « chapelets de courtes saucisses », « appétissante », « pomme rouge » ; ensuite celui des objets : « dedans », « en bas », « meublée ». Les références à sa silhouette enveloppée en font un objet potentiel de consommation puisqu'un des voyageurs, Loiseau, propose de manière incongrue dans la diligence, en l'absence de repas de « manger le plus gras des voyageurs. Cette allusion indirecte à Boule de suif choqua les gens bien élevés » (p. 35). Mais surtout ces mentions sur son obésité jalonnent le récit : on note cinq occurrences de « la grosse fille » (p. 37, 41, 54, 56, 63), on relève « malgré sa graisse » (p. 40) et « plus replète encore » (p. 45).

Sur près de la moitié de la nouvelle, son surnom sert à la désigner puisque ses prénom et patronyme « Élisabeth Rousset » dévoilés seulement à la dix-neuvième page le sont dans une situation dégradante, rappel immédiat de son état de prostituée. D'ailleurs, dans un contexte analogue, elle sera par deux fois encore désignée par ses prénom et nom « Élisabeth Rousset » lorsque l'officier prussien cherchera à savoir si elle accède à sa demande.

Recherchée pour son apparence et son tempérament, Boule de suif suscite la sympathie par ses qualités. Généreuse, elle partage toutes les provisions prévues pour ses trois jours de voyage à Dieppe avec ses compagnons qui n'ont rien à manger. Toutefois, cette générosité se double d'inconscience et de naïveté parce qu'elle croit à la reconnaissance que ces derniers lui expriment, puis à leurs promesses de soutien lorsqu'ils la poussent à se rendre à la convocation de l'officier prussien. **Courageuse, elle ose résister à cet ennemi, narguer ses ordres en descendant la**

dernière de la diligence, l'insulter pour son comportement indigne en le traiter au vu et au su de tous de « crapule [...] saligaud [...] charogne de prussien ». Mais crédule, elle accorde à ses compagnons une confiance imméritée en acceptant sur leurs instances de céder au désir de ce même officier pour que tous puissent poursuivre leur voyage. Patriote sincère, ce sacrifice lui est d'autant plus douloureux qu'elle hait l'envahisseur et a déjà risqué sa vie en voulant étrangler à Rouen un soldat allemand pour venger son pays. Le soir de leur arrivée à l'auberge, elle refuse par patriotisme les avances de Cornudet à cause de la présence, dans ce lieu, de soldats prussiens. Conformiste, elle se réfère à l'idéologie bourgeoise en respectant la patrie, l'empereur et la religion. Bonapartiste, elle reste fidèle à Napoléon Ier encore très aimé du peuple et à son neveu Napoléon III nommé ici de façon irrévérencieuse par son surnom « Badinguet » et tente de les défendre contre les autres voyageurs qui ont pourtant su profiter de leurs règnes pour s'enrichir. Sa piété bien qu'à éclipses est sincère comme l'indiquent sa réelle émotion lors du baptême d'un enfant puis le réconfort qu'elle ressent en priant :

> La grosse fille, encore émue, raconta tout, et les figures, et les attitudes, et l'aspect même de l'église. Elle ajouta : — « C'est si bon de prier quelquefois. » (p. 56).

Comme elle croit au pardon de Dieu, elle se rend aux arguments de la vieille religieuse qu'elle considère comme le porte-parole de la religion. Dévouée et consciente de ses responsabilités, elle finit par satisfaire la demande de l'officier prussien pour éviter « des difficultés considérables » à ses compagnons. **Conservatrice, elle observe l'ordre social, s'y plie tout en tirant parti des vices cachés de la société puisque ses clients se recrutent dans tous les milieux sociaux et lui assurent un certain train de vie.** Femme entretenue, elle a une maison à Rouen, une domestique et pour amant en titre, un officier issu de la bourgeoisie. Néanmoins, elle méconnaît les défauts et travers de cette classe sociale comme ceux d'ailleurs de l'aristocratie et du clergé car elle se trouve désarmée par leur ingratitude, leur méchanceté, leur mépris. Humiliée, exaspérée, démunie face à tant d'hypocrisie elle pleure et les larmes qu'elle ne peut retenir révèlent son chagrin et sa solitude, victime de la lâcheté de ses compagnons de voyage.

• Cornudet

Désigné par son surnom « le démoc », abréviation de démocrate, Cornudet a pour modèle Charles Cord'homme, oncle par alliance de Maupassant. Cord'homme avait hérité de son père un négoce de vins à Rouen mais préférait à son commerce, les discussions dans les cafés démocrates où il exprimait son opposition à l'Empire et à la religion[1]. Comme son modèle, Cornudet n'hésite pas à afficher sa sympathie pour la Commune et à se montrer partisan du pouvoir populaire.

Caractérisé par sa longue barbe rousse, ses longs doigts maigres, ses longs cheveux gras et ses dents noires, sa préoccupation essentielle consiste à boire des bières tout en fumant sa pipe d'écume. Marginalisé par ses choix politiques, ses discours et ses actions dérisoires contre l'envahisseur, il devrait attirer la sympathie. Or, son aspect physique négligé, sa saleté et sa faiblesse de caractère en font **un velléitaire plutôt déplaisant**. Ses actes de bravoure n'ayant que peu d'effets, son patriotisme de façade le conduit à se replier vers le Havre au lieu de lutter sur place contre l'ennemi qui occupe sa région, la Normandie. *A priori* **proche de Boule de suif par la rousseur de sa barbe qu'on peut rapprocher du patronyme « Rousset », par ses choix politiques et son mode de vie, il ne lui manifeste cependant aucune solidarité.** Il ne la respecte pas, lui fait des avances dès la première nuit à l'auberge, refuse par dépit de participer à la démarche entreprise auprès de l'officier prussien, ne la soutient pas lors de la conspiration destinée à l'amener à satisfaire la demande du prussien, ne partage pas son repas avec elle dans la diligence alors qu'elle n'a rien à manger, oubliant qu'il a profité de ses provisions le premier jour du voyage, enfin ne la réconforte pas quand les autres voyageurs la rejettent. Être indécis, il est incapable de tenir tête aux plus forts, ses actes révolutionnaires se limitant à de beaux discours sur la patrie, la République et le peuple qui comblent seulement son orgueil. Du reste, **arriviste et vaniteux, il n'est reconnu et pris au sérieux ni par les républicains qui refusent son autorité, ni par ses compagnons de voyage qui le dénigrent.** Ridiculisé pour sa lâcheté, il accepte l'ordre établi révélant par son comportement son égoïsme et son hypocrisie.

---

1. L. Forestier, *Contes et Nouvelles*, tome I, « La Pléiade », Gallimard.

- **Le cocher**

Doté surtout d'un rôle utilitaire, le cocher permet à l'auteur d'accréditer le voyage de Rouen vers le Havre. Personnage épisodique, il intervient peu, se contente d'obéir aux ordres de l'officier allemand et de tenir compagnie au café à l'ordonnance de cet officier en attendant l'autorisation de continuer le voyage.

- **Les religieuses**

La présentation rapide des deux religieuses relève du portrait-charge et permet à Maupassant de réaliser une caricature de la fausse dévotion. On ignore le nom de la plus âgée des sœurs, très vieille, laide et masculine tandis que l'autre, jeune, jolie mais maladive s'appelle « sœur Saint Nicéphore ». Véritables automates de la religion qu'elles pratiquent de manière mécanique elles forment le tandem de la bigoterie auquel s'oppose celui des marginaux représentés par Boule de suif et Cornudet. Leur disparité physique ne les empêche nullement d'avoir toutes deux le même comportement, d'égrener leur chapelet, de « marmotter leurs prières », de se signer à la même cadence, d'observer la même stricte discipline acquise sans doute dans les monastères. Aussi, la sœur la plus âgée, sorte de gendarme de la foi, aguerrie par la fréquentation des champs de bataille et les soins aux blessés entraîne-t-elle la plus jeune à sa suite. **Disciplinées, habituées à obéir et à se soumettre, elles semblent avoir perdu le sens du réel et des vraies valeurs** : à la demande de l'officier prussien, elles descendent les premières de la diligence, ouvrant la voie aux autres voyageurs et, sans prêter le moindre intérêt à ce qui les entoure, passent « leurs journées dans l'église ou chez le curé » (p. 52). Docile et résignée, la plus âgée « vraie bonne sœur Ran tan plan » participe de façon plus ou moins consciente à la conspiration contre Boule de suif. Apportant une aide décisive aux conspirateurs en déclarant que « rien ne pouvait déplaire au Seigneur quand l'intention était louable », elle fait ainsi « brèche dans la résistance indignée de la courtisane » et ne pense aucunement à la dignité de cette femme. Égoïstes et hypocrites, les deux nonnes boivent avec les autres le vin mousseux offert par Loiseau pour célébrer la reddition de Boule de suif. Enfin, dans la diligence, elles ignorent elles aussi la faim de cette jeune femme, préférant rouler « dans un papier le reste de leur saucisson » plutôt que de le lui donner, désobéissant comme les autres à la vertu théologale de charité chrétienne et d'amour du prochain.

• Les Loiseau

Marchands de vin en gros à Rouen, les Loiseau tiennent leur commerce à la rue du Grand Pont, rue commerçante qui a réellement existé avant d'être détruite pendant la seconde guerre mondiale, indication permettant aux contemporains de Maupassant de situer ce couple de rouennais. **Petit, ventru, rougeaud, Monsieur Loiseau contraste fortement avec son épouse, grande, forte, raide, à la « dure carcasse ».** D'extraction populaire comme elle, enrichi dans le négoce du mauvais vin, il réalise d'importants bénéfices en le vendant à très bon prix aux petits bistrotiers des campagnes.

Malin, coquin, déluré, gai et farceur, ses plaisanteries d'un goût douteux lui valent une notoriété de mauvais aloi tandis que sa vulgarité et son manque de retenue contribuent à le ridiculiser. **Arriviste, il occupe avec son épouse les meilleures places de la diligence considérant que sa réussite financière lui vaut d'être l'égal des bourgeois et des aristocrates.** Doué d'un sens aigu des affaires, il utilise l'arrêt forcé à Tôtes pour placer sa piquette auprès de l'aubergiste et des habitants de la région, sans en être pour cela reconnaissant à Boule de suif. De surcroît, il signale sa bassesse en proposant dans un premier temps à l'officier de garder la jeune femme et de les libérer, puis se déclare prêt à « livrer cette misérable pieds et poings liés à l'ennemi ». Vulgaire et voyeur, il épie à l'auberge les allers et venues de ses compagnons à travers le trou de la serrure de sa chambre et n'hésite pas à s'en vanter au cours de la dernière soirée. Son âpreté financière et son manque de patriotisme le poussent à faire le voyage au Havre pour réclamer à l'armée française en déroute le paiement de l'exécrable vin qu'il lui a vendu. Enfin, il révèle sa malhonnêteté foncière en dérobant le vieux jeu de cartes qui les a distraits durant leur séjour à l'auberge.

Autoritaire, calculatrice, « l'ordre et la mathématique de la maison de commerce » (p. 30), complice de son époux pour tricher aux cartes, Madame Loiseau n'a cependant ni sa rondeur, ni sa jovialité. Acariâtre, dépourvue d'humour, par sa manière de tricher aux cartes elle ressemble à son époux qu'elle rejoint dans sa méchanceté lorsqu'elle accable Boule de suif humiliée et en larmes : « Elle pleure sa honte. » (p. 65)

• Les Carré-Lamadon

Selon Louis Forestier, Monsieur Carré-Lamadon a un modèle réel : Monsieur Pouyer-Quertier (1820-1891), un notable de Rouen, célèbre pour sa carrière politique et sa manufacture de cotonnades. Maire de Fleury-sur-Andelle, membre du Conseil général, président de la Chambre de commerce, Pouyer-Quertier s'était éloigné du pouvoir impérial tout en continuant à bénéficier de l'aide qu'il pouvait en tirer. **Monsieur Carré-Lamadon appartient comme lui à la bourgeoisie d'affaires dont il a hérité les défauts. Riche et respecté, il vit dans l'hypocrisie, cherchant par l'argent et la réussite sociale à égaler les nobles.**

Le narrateur ne le décrit pas physiquement et limite le portrait du couple à celui rapide de Madame Carré-Lamadon dont il souligne la jeunesse, la joliesse, la délicatesse et l'immoralité. Frivole, intéressée, elle trompe son riche époux plus âgé qu'elle en étant « la consolation des officiers de bonne famille envoyés à Rouen en garnison » (p. 31). De mentalité douteuse, elle apprécie le physique de l'officier prussien et envie presque le sort de Boule de suif, ce qui n'échappe pas à la sagacité du ménage Loiseau : « [...] les femmes, quand ça en tient pour l'uniforme, qu'il soit Français ou bien Prussien ça leur est, ma foi, bien égal. » (p. 62) **Opportuniste, le couple Carré-Lamadon vit dans le faux-semblant, se conforme à l'idéal bourgeois du respect des apparences et cultive l'ambiguïté en politique comme dans sa vie privée.**

- **Les Bréville**

Maupassant emprunte le nom Bréville à un petit village proche de Grandville pour nommer le couple d'aristocrates qui voyage dans la diligence. S'il n'y a pas de modèle connu au comte et à la comtesse Hubert de Bréville, Maupassant utilise sa connaissance de la vieille aristocratie normande pour les décrire. Ainsi, le comte souligne volontairement sa ressemblance avec le roi Henri IV dont il serait un descendant adultérin tandis que son épouse dont on sait seulement qu'elle a « grand air », aurait été « aimée d'un des fils de Louis Philippe ». Imbu de sa supériorité, le comte cherche à en imposer à ses compagnons qu'il domine par sa maîtrise de soi et son esprit d'initiative. Doté du sens de la diplomatie, orateur confirmé, il emploie un discours habile adapté à chaque situation, profite des circonstances pour atteindre ses fins et abuse ses interlocuteurs notamment Boule de suif : « Il faudra la décider » (p. 55) et peu après : « Il la prit par la douceur, par le raisonnement, par les sentiments [...] se montrant galant quand il le fallut, complimenteur, aimable enfin. » (p. 59) **Manipu-**

lateur, lui et son épouse s'en tiennent aussi aux apparences, utilisent la ruse et leur statut social pour tirer avantage de toutes les situations.

– LES NON VOYAGEURS

En dehors des voyageurs, d'autres personnages participent à l'intrigue. Ce sont l'officier prussien, les aubergistes, Monsieur et Madame Follenvie, le bedeau de l'église de Tôtes, enfin les soldats français et prussiens qui occupent l'arrière-plan de la nouvelle.

• L'officier Prussien

Grand, blond, très mince, ridicule dans son costume étroit comme « un corset » de fille, il porte une impressionnante moustache blonde et se montre sensible à un luxe de mauvais goût. Oppresseur, il affirme avec ostentation son autorité sur les vaincus refusant de justifier ses décisions : « Parce que che ne feux pas » (p. 30). En retenant tous les voyageurs, il se montre particulièrement despotique, offrant **une caricature du soldat allemand arrogant et tyrannique**.

• Les Follenvie

Aubergistes à Tôtes, Monsieur et Madame Follenvie s'adaptent à la défaite, acceptent d'obéir aux soldats vainqueurs. Âgé, gros, malade et peureux, Monsieur Follenvie se contente d'être l'émissaire de l'officier prussien, sert d'intermédiaire entre lui et les voyageurs de la diligence alors que son épouse, bavarde et angoissée par la guerre qui perdure, s'épanche auprès d'eux. Ce couple, désireux surtout de préserver ses biens et ses intérêts, accepte avec passivité la loi du vainqueur en attendant la fin des hostilités dans la sujétion la plus totale.

• Le bedeau

Qualifié de « vieux rat d'église » (p. 47), il pactise avec les soldats ennemis en qui il voit les substituts des Français engagés sur le front car ils permettent à la vie du village de poursuivre son cours. **Personnage falot, la subordination dont il fait preuve confirme la mauvaise opinion de Maupassant sur le clergé.**

• Les soldats français et prussiens

L'armée française, décimée, en déroute, offre un contraste saisissant avec l'armée prussienne disciplinée, suréquipée, triomphante qui impose sa loi aux vaincus militaires et civils.

B. LES GROUPES

Tout au long de la nouvelle, **les personnages contractent des alliances successives et momentanées selon leurs objectifs et enjeux* immédiats, ce qui les conduit à former des groupes** différents en fonction de leurs intérêts.

– LES HOMMES ET LES FEMMES

Dans sa présentation des personnages, le narrateur accorde la primauté aux hommes sur les femmes, marquant de cette manière leur rôle dans le couple : les messieurs sont décrits les premiers, installent leurs épouses dans la diligence, prennent l'initiative et la parole avant elles, en somme leur indiquent l'attitude à adopter. S'ils sont opposés à leurs épouses, la prise de décision leur revient même si dans le mariage, les époux sont complémentaires. Dans le contexte particulier du voyage en diligence, les épouses se bornent à les suivre alors que ce n'est pas toujours le cas dans la vie quotidienne. Cependant quelquefois, le privilège de l'âge se substitue à celui du sexe puisque son âge avancé permet à la plus âgée des religieuses de prendre le pas sur la plus jeune. Bien que confinées dans la prière, elles assistent toutes les deux à ce qui se passe dans la diligence, mais c'est la plus âgée qui réagit la première, établit le contact entre Boule de suif et leurs compagnons de voyage à la faveur de l'évanouissement de Madame Carré-Lamadon, s'octroyant une initiative qui appartenait jusque-là aux hommes.

« Femme à hommes », Boule de suif se trouve d'abord enfermée dans un isolement qu'elle rompt en observant sans la moindre gêne les autres voyageurs. Peu après, en leur offrant ses provisions, elle en fait ses obligés tandis que plus tard, en participant à la conversation, **elle devient pour une durée limitée une interlocutrice à part entière** : « On ne pouvait manger les provisions de cette fille sans lui parler. » (p. 38) Cependant, son statut de prostituée en fait un personnage à part, marginalisée par les autres voyageurs.

– LES NANTIS INTÈGRES

Fortunés et intègres, certains personnages se retrouvent sur bien des points : Messieurs Loiseau, Carré-Lamadon et de Bréville sont « frères par l'argent, de la grande franc-maçonnerie de ceux qui possèdent, qui font sonner l'or en mettant la main dans la poche de leur culotte » (p. 33-34). Ils respectent les religieuses et forment avec leurs épouses le groupe des « honnêtes gens autorisés qui ont de la Religion et des Principes » (p. 31), groupe soudé contre les marginaux que sont Cornudet et Boule de suif. Riches, messieurs Loiseau, Carré-Lamadon et de Bréville sont d'autant plus conscients du pouvoir de l'argent qu'ils se trouvent confrontés à d'autres voyageurs qui n'en ont pas :

> Les trois hommes aussi, rapprochés par un instinct de conserva-
> teurs à l'aspect de Cornudet, parlaient argent d'un certain ton
> dédaigneux pour les pauvres. [...]
> Et tous les trois se jetaient des coups d'œil rapides et amicaux.
> (p. 33)

Si Cornudet, bourgeois désargenté, revendique sa marginalité, recherche l'isolement et la solitude, Boule de suif souffre de cette mise à l'écart. Malgré elle, la courtisane sera **tantôt marginalisée par les voyageurs** qui la dénigrent :

> Elles devraient faire, leur semblait-il, comme un faisceau de leurs
> dignités d'épouses en face de cette vendue sans vergogne ; car
> l'amour légal le prend toujours de haut avec son libre confrère.
> (p. 33)

tantôt intégrée à leur groupe en fonction des besoins du moment comme lors du premier repas dans la diligence ou de la conspiration à l'auberge.

Ce front des nantis contre les personnages différents ou plus pauvres entre autres, républicain ou prostituée qu'on rejette, s'explique par la volonté de préserver d'une part leur intégrité, d'autre part les privilèges acquis. Ainsi, **le conformisme et le conservatisme qui guident leurs conduites** leur permettent également de faire face aux situations inat-
tendues pour assurer leur propre sauvegarde et celle de leurs intérêts. Inquiets par la décision de l'officier prussien de les retenir à Tôtes, ils laissent voguer leur imagination pour camoufler leur richesse :

> Les plus riches étaient les plus épouvantés, se voyant déjà
> contraints, pour racheter leur vie, de verser des sacs pleins d'or
> entre les mains de ce soldat insolent. Ils se creusaient la cervelle
> pour découvrir des mensonges acceptables, dissimuler leurs
> richesses, se faire passer pour pauvres, très pauvres. (p. 50)

– LES DOMINATEURS

Dans la nouvelle, certains personnages dominent les autres et tiennent leur pouvoir soit de leur richesse, soit de leur puissance militaire ou politique, soit de la qualité de leurs propos. Ainsi, la possession d'argent et de biens matériels donne son unité au groupe que forment Messieurs Loiseau, Carré-Lamadon et de Bréville qui, d'origine sociale différente, montrent pourtant **une réelle solidarité due à leur fortune**. Toutefois, à l'intérieur de ce groupe, **l'appartenance à une classe sociale favorisée détermine une sorte de hiérarchie entre ses membres**, allant de la noblesse au peuple en passant par la bourgeoisie et le clergé, hiérarchie qui établit l'autorité implicite de la noblesse puis celle du clergé sur les autres classes sociales. Issu d'une ancienne famille noble de Normandie, le comte de Bréville marque à maintes reprises son autorité sur ses compagnons de voyage parce qu'il se considère plus représentatif qu'eux : il prend la décision d'envoyer à l'officier prussien « sa carte où Monsieur Carré-Lamadon ajouta son nom et tous ses titres » (p. 49). Puis, bien qu'accompagnés par Messieurs Loiseau et Carré-Lamadon, c'est lui qui parle avec l'officier prussien. **Son pouvoir d'ordre social se combine alors avec le pouvoir que lui confère ses qualités de diplomate et celles de son discours.** Déjà dans la diligence, en acceptant la proposition de Boule de suif de partager ses provisions, il permet à son épouse et au couple Carré-Lamadon de déjeuner en laissant à la jeune femme l'impression qu'il lui rend service en agréant son offre. Ensuite, il démontre l'inutilité d'une fuite à travers la campagne pour échapper à l'officier, il interroge le bedeau de l'église de Tôtes, il convainc Boule de suif de se rendre à la convocation de l'officier ; il qualifie de « barbare » l'attitude de l'officier envers elle ; il préconise d'employer la diplomatie pour la décider d'accéder à la demande du prussien. D'ailleurs, reconnu pour son habileté oratoire par ses compagnons, **il est le porte-parole du groupe**, désigné par eux pour la conduire à céder au prussien. « [...] alors le comte, comme il était convenu, prit le bras de Boule de suif, et demeura derrière les autres, avec elle. » (p. 59) Le soir, constatant l'absence de la jeune femme au dîner, il va interroger l'aubergiste afin de savoir si elle a enfin cédé.

Pourtant, il ne détient pas seul le pouvoir du discours puisqu'il passe le relais à son épouse. Douée de réelles aptitudes oratoires, la comtesse de Bréville fera faiblir Boule de suif grâce à l'aide opportune de la vieille religieuse détentrice elle aussi du pouvoir de la parole. Néanmoins, malgré le pouvoir de l'argent et celui du discours, **le comte de Bréville se trouve soumis à l'officier prussien qui dispose, lui, du pouvoir militaire**.

Vainqueur, l'officier ennemi impose sa loi aux vaincus, ne se reconnaît qu'un seul interlocuteur, l'aubergiste : « Monsieur Follenvie seul était autorisé à lui parler pour les affaires civiles. Alors on attendit. » (p. 48) Le lendemain, il tarde à recevoir le comte de Bréville, Messieurs Carré-Lamadon et Loiseau ; refuse plus tard la proposition « de garder Boule de suif toute seule, et de laisser partir les autres. […] Il prétendait retenir tout le monde tant que son désir ne serait pas satisfait » (p. 54). **Enfin, il fera régner la loi du plus fort**, n'éprouvant nullement le besoin de se justifier : « Parce que che ne feux pas. […] Che ne feux pas … foilà tout … Fous poufez tescendre. » (p. 50)

Marginaux, Cornudet et Boule de suif sont dominés par leurs compagnons de voyage. Mais si Cornudet éprouve une certaine fierté à être différent d'eux, **la courtisane en revanche, souffre de vivre en marge de la société bien pensante qu'ils représentent**. Pourtant, elle parvient à les soumettre à sa volonté. Dans un premier temps, lorsqu'elle nourrit ses compagnons de voyage, elle fait reconnaître ses capacités d'organisation, montre sa supériorité sur les autres femmes : « À la bonne heure, madame a eu plus de précaution que nous. Il y a des personnes qui savent toujours penser à tout. » (p. 36) **Grâce à ses qualités, elle devient une interlocutrice admise d'abord avec réticence, reconnue ensuite pour son courage et son patriotisme** : « On la félicita beaucoup. Elle grandissait dans l'estime de ses compagnons qui ne s'étaient pas montrés si crânes […] » (p. 39) Plus tard, lorsqu'elle refuse de répondre aux exigences de l'officier prussien, elle marque son emprise sur eux en les soumettant à sa volonté.

– LES DOMINÉS

Boule de suif profite peu de sa domination sur ses compagnons à cause d'une part de sa naïveté, d'autre part, de son manque de culture sociale, historique et religieuse. Ne disposant pas de compétence discursive, elle ne peut réagir ni aux discours du comte, de la comtesse de Bréville ou de la vieille religieuse, ni à celui des autres voyageurs. Incapable de rejeter leurs arguments parce qu'elle n'a pas la possibilité de leur opposer son propre discours, piégée et livrée à elle-même, elle se résout à céder.

En position de faiblesse, Boule de suif n'est pas la seule à souffrir de la domination des prussiens puisque la défaite entraîne la soumission des voyageurs de la diligence comme de tous les français civils et militaires à l'autorité et au bon vouloir des vainqueurs. À l'instar des voyageurs de la diligence, les vaincus quelle que soit leur origine sociale se plient aux exigences de la soldatesque ennemie.

Les religieuses qui « marmottent » des prières composent un groupe à part, neutre en apparence, volontairement étranger aux personnes de leur entourage car elles ne partagent pas les activités des autres voyageurs, ne participent pas aux décisions, consacrent leur temps à prier dans la diligence, à l'auberge et à l'église. D'ailleurs, lorsqu'elles participent à la vie de groupe, la plus âgée parvient à se faire écouter de ses compagnons dans la diligence, ensuite de Boule de suif au cours du dîner où elle l'engage à mots couverts à satisfaire l'officier en l'assurant du pardon divin.

C. LES INTERACTIONS

Après leur présentation par le narrateur, le voyage en diligence donne l'occasion aux différents personnages d'entretenir dans l'univers de la fiction, un certain nombre de relations sociales semblables à celles qui existent dans la société française du XIXe siècle.

Certains personnages se connaissent pour s'être rencontrés ou avoir travaillé ensemble tels le comte de Bréville et Monsieur Carré-Lamadon, d'autres en revanche se découvrent, ne s'étant jamais vus auparavant. Le hasard qui les met en présence et les événements vont les conduire à former des groupes plus ou moins stables selon leurs intérêts immédiats et à conclure de manière implicite puis explicite des alliances changeantes selon leurs enjeux*. Si le cadre des interactions reste identique, d'abord la diligence puis à Tôtes, l'auberge et son environ proche, **les alliances conclues entre les protagonistes montrent la mise en place de stratégies évolutives en fonction des événements.** Comme nous l'avons déjà vu, deux groupes se font face et vont participer à l'ensemble des interactions qui conditionnent l'évolution de la situation.

– L'ÉCHEC DE L'ALLIANCE CORNUDET/BOULE DE SUIF

Les gens honnêtes et riches constituent avec les religieuses un groupe assez homogène opposé aux marginaux, Cornudet et Boule de suif.

D'entrée de jeu, ils excluent de leurs interactions ceux qu'ils considèrent comme des rebuts de la société. Cette tentative d'isolement aurait pu rapprocher ces parias comme le laisse supposer le comportement de Cornudet à l'égard de Boule de suif dans la diligence. Or, ce rapprochement échoue à cause du refus de la jeune femme de céder à ses avances, lors de leur première nuit à l'auberge. **Cette alliance avortée a pour conséquence immédiate non seulement de les isoler chacun de leur côté mais d'en faire presque des adversaires.** Jaloux et dépité, comme pour la punir, Cornudet ne l'aide pas au moment de la conspiration destinée à la conduire à satisfaire l'officier prussien et sa non participation est en quelque sorte une contribution passive à cette coalition. D'ailleurs, au cours du second voyage en diligence, il concourt à l'isolement de la courtisane rejetée par leurs compagnons de voyage : il ne la salue pas, ne lui parle pas, ne partage pas son repas avec elle qui l'avait nourri lors du premier voyage, ne réagit pas à son désespoir. Enfin, en sifflant La Marseillaise, il accentue davantage encore sa mise à l'écart puisqu'il la sait bonapartiste. **L'échec de son alliance avec Boule de suif renforce le clan des protagonistes décidés à quitter coûte que coûte l'auberge de Tôtes et leur laisse le champ libre pour agir à leur guise.**

– DES ALLIANCES CHANGEANTES ET ÉVOLUTIVES

Si l'accord entre ces divers protagonistes semble a priori difficile à cause des différences de tous ordres qui les séparent (âge, classe sociale, statut, rôle, métier, fortune, intérêts, etc.) il s'en conclut pourtant un lorsqu'un intérêt commun les réunit. Ainsi, la faim permet de faire de ce groupe disparate de voyageurs un groupe soudé par le besoin de se nourrir en consommant les provisions de Boule de suif. Mais cette unité fragile disparaît à la première occasion et à l'harmonie passagère succède la discorde suscitée par le sujet de la conversation : la discussion engagée sur le thème de la guerre ne peut que les diviser vu leurs divergences d'opinion. **Le désaccord qui s'en suit révèle le manque de cohésion du groupe qui se défait, montrant déjà les individualités plus ou moins affirmées qui s'opposeront par la suite.**

– L'ALLIANCE ÉPHÉMÈRE DE BOULE DE SUIF ET DE SES COMPAGNONS DE VOYAGE

Lorsqu'à son arrivée à l'auberge, Boule de suif est convoquée par l'officier prussien, elle commence par refuser de le rencontrer. La peur des représailles incite les voyageurs à l'enjoindre d'accepter cette entrevue dont tous ignorent le motif et à lui manifester leur intérêt :

> Tout le monde se joignit à lui [le comte de Bréville], on la pria, on la pressa, on la sermonna, et l'on finit par la convaincre ; car tous redoutaient les complications qui pourraient résulter d'un coup de tête. [...]
> Elle sortit. On l'attendit pour se mettre à table. (p. 42)

Mais l'ignorance des raisons de cette convocation et de celles de leur maintien à l'auberge désorganisent le groupe dont les membres se livrent à diverses activités individuelles ou communes. **Toutefois, tous soutiennent Boule de suif quand les intentions de l'officier sont connues :**

> C'était une clameur de réprobation contre ce soudard ignoble, un souffle de colère, une union de tous pour la résistance, comme si l'on eût demandé à chacun une partie du sacrifice exigé d'elle. (p. 51)

Malheureusement pour la courtisane, l'appui de ses compagnons faiblit dès qu'ils comprennent que la reprise du voyage ne dépend plus que de son bon vouloir. **Alors, des alliances changeantes et évolutives se mettent en place pour venir à bout de sa résistance.**

– L'ALLIANCE DES COUPLES

À l'auberge, le deuxième jour, après le départ pour l'église de Boule de suif, une partie des voyageurs se réunit afin de prendre une décision susceptible de débloquer la situation : « [...] il [Loiseau] était d'avis de proposer à l'officier de garder Boule de suif toute seule, et de laisser partir les autres. » (p. 54)

L'échec de cette tentative décide le groupe à manœuvrer afin de la faire céder. Aussi, tous les couples participent-ils à la mise au point d'un stratagème susceptible de faire évoluer la situation sans qu'on puisse pour autant dire qui prononce tel ou tel propos. Certes, ils se cachent derrière le collectif « on ». Mais, si le « on » indéfini par nature correspond à l'ensemble des membres des couples, il masque surtout l'énonciateur réel car il est impossible d'attribuer à quiconque les propos tenus. **Ce « on »,**

symbole collectif dilue la responsabilité de chacun et leur permet de garder bonne conscience dans ce contexte dramatique :

> [...] on commença les approches. [...] On cita toutes les femmes qui ont arrêté des conquérants [...] et sacrifié leur chasteté à la vengeance et au dévouement. [...]
> [...] on la laissa réfléchir. (p. 56-57)

– L'ALLIANCE DE LA NOBLESSE ET DU CLERGÉ

Les deux religieuses qui se sont volontairement tenues à l'écart des activités et des discussions pour prier, participent cependant au dîner commun pris chaque soir, à l'auberge. Leur présence incite en dernier recours la comtesse de Bréville à solliciter la plus âgée afin de découvrir dans la religion une justification du sacrifice exigé de Boule de suif. La demande d'adhésion de la religieuse à ce projet a de quoi surprendre mais **témoigne des liens traditionnels de la noblesse et du clergé, longtemps considérés comme les piliers de l'État.** L'abandon par la religieuse de la réserve qu'elle s'était imposée jusqu'à présent amorce le dénouement. En prenant le relais des deux femmes, le comte de Bréville fait définitivement basculer la situation.

– DES OPPOSITIONS IRRÉDUCTIBLES

Les oppositions se produisent en général contre un personnage ou un groupe qui focalise l'hostilité. Précédemment, nous avons vu **l'opposition des riches et des pauvres, celles des riches et des marginaux, celle des voyageurs pressés de quitter Tôtes et de Boule de suif, enfin celle de l'officier prussien aux français vaincus, puis aux voyageurs** qu'il refuse de voir partir tant que sa demande n'est pas satisfaite :

> L'Allemand, qui connaissait la nature humaine, l'avait mis à la porte. Il prétendait retenir tout le monde tant que son désir ne serait pas satisfait. (p. 54)

Ce refus de revenir sur sa décision montre sa détermination à jouer sur les inévitables dissensions entre les voyageurs pour atteindre ses fins, en brisant l'unité du groupe.

3. Voies d'analyse

A. LA STRUCTURE DE LA NOUVELLE : LE CADRE SPATIO-TEMPOREL

Tirée de l'italien « *novella* », la nouvelle est un récit de fiction d'une longueur variable mais toujours inférieure à celle d'un roman. **Elle présente en général une intrigue simple et rapide centrée sur un événement dramatique qui fournit son point de départ au récit.** Donnés pour vraisemblables, les faits racontés appartiennent cependant au domaine de la fiction et demandent à être lus en une fois, sans interruption pour que l'effet produit ne se dissolve pas dans le temps. Des facteurs historiques déterminent l'essor de la presse et la diffusion de productions littéraires dans les journaux, quotidiens et périodiques, mais c'est surtout le rapport de ces œuvres avec l'actualité, sorte de renvoi à l'origine étymologique du mot « nouvelle » qui explique **leur succès et l'engouement du public pour un genre d'un réalisme quasi-documentaire.** Aussi Maupassant, conscient des goûts des lecteurs, crée-t-il une atmosphère propre à retenir l'attention en proposant un milieu familier où ils se reconnaissent sans peine.

Maupassant situe la nouvelle *Boule de suif* en Normandie et **le trajet de Rouen vers Tôtes, première étape sur la route de Dieppe, relève du réalisme topographique.** Si l'espace de la nouvelle identifiable avec certitude renvoie à la réalité, il présente par les significations qu'il suggère une utilité évidente pour la crédibilité du récit. Malgré l'évocation de la défaite de 1870, la nouvelle dépayse le lecteur en l'entraînant dans l'univers de la fiction.

– LES LIEUX DU RÉCIT

L'histoire se déroule dans la diligence, l'auberge de Tôtes et son environnement immédiat, lieux clos et coupés du reste de la Normandie du fait de la guerre et des intempéries. Dès lors, **l'espace se rétrécit accentuant davantage encore la sensation d'enfermement qui se dégage des lieux du récit** : l'espace extérieur, la diligence, l'auberge et son environnement.

– L'ESPACE EXTÉRIEUR

Le voyage vers Dieppe constitue l'essentiel de l'histoire, les lieux traversés n'étant jamais décrits car les personnages ne les voient pas à cause des chutes ininterrompues de neige et de la nuit. En quittant Rouen, la diligence traverse une campagne et des villages dévastés par la guerre et les rigueurs de ce redoutable hiver 1870-1871. Peu après leur arrivée à l'auberge, les voyageurs découvrent la ville de Tôtes investie par les soldats prussiens et isolée des villages environnants par une épaisse couche de neige. C'est **pourquoi la présence de l'armée ennemie, le froid glacial, la neige et l'impossibilité de fuir rendent cet espace extérieur aussi lugubre que les lieux clos.** Cet environnement hostile suscite déjà une réelle appréhension des voyageurs quant à ce long voyage plein de risques.

– LA DILIGENCE

Habituels au XIXᵉ siècle, les voyages en diligence n'en sont pas moins lents, périlleux, inconfortables, souvent semés d'embûches. Aussi, le contexte historique de la guerre franco-prussienne ne peut-il qu'aggraver cet état de fait en augmentant les dangers encourus comme le révèlent de nombreux récits d'historiens, de journalistes ou d'écrivains.

La grande diligence affrétée pour ce voyage, tirée par « six chevaux au lieu de quatre à cause du tirage plus pénible » (p. 29) est un espace restreint dans lequel vont se trouver réunis des voyageurs qui ne se sont pas choisis. Si l'exiguïté et la clôture de cette voiture réduisent les écarts qui séparent physiquement les personnages, elles ne peuvent toutefois pas éviter leur confrontation éventuelle due à des origines sociales et à des opinions différentes. Malgré leur proximité spatiale, **la distance sociale séparant Boule de suif de ses compagnons de voyage se ressent dès leur mise en présence à l'intérieur de la voiture.** Assise en face des femmes sur la même rangée que les hommes, **la place qu'elle occupe s'accorde à celle qu'elle a dans la société en tant que « femme à hommes », ce qui explique en partie sa proxémie* avec les messieurs.** Espace social marqué, la diligence se distingue d'un espace privé quelconque puisque n'importe qui peut y voyager dans la mesure où, à cause de la guerre il est en règle avec l'administration et peut payer son billet. En fait, cette voiture joue un rôle dans l'intrigue : elle permet d'une part, la connaissance d'un certain nombre d'informations sur les protagonistes du récit, d'autre part, l'établissement entre eux de relations interpersonnelles au cours d'un trajet qui lui confère une dimension dynamique.

Lors de la première étape du voyage de Rouen à Tôtes, ce *topos** particulier favorise une tentative de coexistence entre les voyageurs et les marginaux Cornudet et Boule de suif à la suite du partage des provisions de cette dernière pour le déjeuner. Mais dans la deuxième partie du voyage, après le départ de Tôtes, **ce même espace indique l'impossible coexistence de ces deux groupes** et l'obstacle insurmontable du mépris glacé et du rejet de tous auquel se heurte Boule de suif. Aussi ingrat et méchant que les autres à son égard, Cornudet se venge de leur dédain, en sifflant La Marseillaise afin de narguer les notables et Boule de suif, mis dans l'impossibilité d'échapper à cette provocation. Désormais, la clôture de cet espace confiné le rend désagréable, dysphorique*, source de tensions voire de conflits entre les voyageurs.

– L'AUBERGE

L'arrivée à l'auberge représente pour les voyageurs une délivrance. Or accueillis par un officier prussien, ils se trouvent sous la domination de l'ennemi : pour eux, la situation est tout aussi bloquée qu'à Rouen, même si le cadre change. **À l'espace simple de la diligence s'oppose l'espace complexe de l'auberge qui se décompose en différents lieux** : au rez-de-chaussée, les parties communes avec notamment la salle à manger ; à l'étage, les chambres des voyageurs, de l'officier prussien, des aubergistes, le corridor et les toilettes. Cette distribution de l'espace sur deux niveaux va selon le rapprochement ou l'éloignement spatial de chacun montrer l'instauration rapide de rapports de force visibles dans les rituels répétitifs qui s'établissent : repas, conversations, promenades, jeux, demande journalière de l'officier prussien. Retiré dans sa chambre située à l'étage, ce dernier oblige l'aubergiste puis messieurs de Bréville, Carré-Lamadon et Loiseau à monter à l'étage pour lui parler. Ce déplacement du niveau inférieur vers le niveau supérieur traduit sa domination sur eux et sa supériorité de vainqueur. **Sa présence menaçante et l'épaisseur de la couche de neige qui isole l'auberge font de ce lieu clos, un espace dysphorique*.** Enfin, les allées et venues de l'aubergiste, Monsieur Follenvie, intermédiaire entre l'officier prussien, Boule de suif et les autres voyageurs illustrent à la fois **la séparation existant entre les deux étages de l'auberge, celle du vainqueur et des vaincus, enfin celle irréductible des classes sociales.**

– LE TEMPS

Située dans des lieux précis et clos, la diligence, l'auberge de Tôtes et son environnement proche, **l'histoire de Boule de suif se déroule en cinq jours. Fidèle à un principe réaliste, Maupassant développe la narration**

selon une chronologie qui respecte celle de la fiction. Si la nouvelle est selon André Gide « faite pour être lue d'un coup, en une fois », un lien s'opère entre le temps effectif de la lecture et la durée de la fiction. Dans cette nouvelle, le temps de la fiction intégré dans une durée limitée de cinq jours vise à occuper l'esprit du lecteur, à évoquer un moment vécu, « à faire l'expérience d'une temporalité différente mais toujours unifiée » (D. Grojnowski, *Lire la nouvelle*, Dunod, p. 88). Or, la durée de l'histoire varie en fonction des informations qui sont données au lecteur pour qu'il puisse en reconstituer la chronologie tantôt explicite* lorsqu'elle participe à l'action, tantôt implicite lorsqu'elle n'y participe pas ou peu. Mais **l'importance des événements varie selon la manière dont ils sont narrés et ces variations permettent la mise en relation du temps chronologique de l'histoire et du temps conventionnel de la narration.** Ainsi, la narration comporte des variations de « vitesse » (G. Genette, *Figures* III, Le Seuil, « Points », p. 126) qui, dans le récit, rendent compte des fait d'accélération ou de ralentissement.

– LES VARIATIONS DE LA VITESSE DE NARRATION

La conspiration menée contre Boule de suif correspond à un sommaire et résume en un laps de temps limité des événements ayant dans la réalité une durée plus importante : les conciliabules des voyageurs pour la décider à satisfaire l'officier prussien durent plus d'une matinée et occupent moins de deux pages. De même, le baptême auquel assiste Boule de suif pendant une matinée est relaté en deux lignes.

Parfois, la durée de la représentation des événements dans le récit coïncide avec leur durée dans la réalité. Ce rapport approximatif entre le récit et la réalité rappelle la scène de théâtre même si en général on lit plus vite qu'on ne parle. Nombreuses dans *Boule de suif*, les scènes concernent les parties dialoguées de la nouvelle et se limitent fréquemment à quelques échanges. C'est le cas du dialogue entre Cornudet et Boule de suif dans le corridor de l'auberge, lors de leur première nuit à Tôtes, de celui de l'officier prussien avec messieurs de Bréville, Carré-Lamadon et Loiseau ainsi que de la demande quotidienne de Monsieur Follenvie à Boule de suif quant à sa décision. Maupassant utilise aussi successivement ces deux procédés littéraires en les mêlant pour tirer au mieux parti de leur impact sur le lecteur. Au cours du dernier dîner à l'auberge, il emploie d'abord la technique du sommaire pour évoquer les arguments échangés afin de convaincre la courtisane, puis la scène au style direct pour présenter l'échange décisif entre la comtesse de Bréville et la vieille religieuse : à bout d'arguments, la comtesse s'adresse à la sœur pour tenter de trouver dans la religion des raisons de faire fléchir la prostituée. Maupassant utilise le dialogue pour dévoiler au lecteur l'intégralité des propos tenus par les deux femmes, propos dont il n'assume pas la responsabilité tandis que le style direct indique sa propre distanciation par rapport à leur discours en attirant de surcroît l'attention sur la duplicité des compagnons de voyage de Boule de suif. Enfin, certains moments des journées passées à Tôtes semblent oubliés : sorte de « blancs chronologiques », ils n'apparaissent pas dans le récit. Véritables « ellipses narratives* », ces moments sans intérêt apparent ne sont pas relatés parce qu'ils ne font pas évoluer l'intrigue. Périodes de maturation, ces ellipses aident à expliquer le changement psychologique des personnages et à faire comprendre les décisions prises au réveil.

La description constitue une pause dans le récit, ralentit l'action dont elle interrompt le cours tout en participant au déroulement de l'intrigue. Motivée par le « faire » des personnages qui s'observent, **elle produit l'illusion de la réalité et représente les personnages comme « vrais », « réels ».** Leurs portraits diffusent un savoir sur chacun d'eux et donnent des informations pour la suite de l'histoire. La description freine sans doute la narration mais permet à l'intrigue de se nouer à partir d'indices déterminants pour la suite narrative parce qu'ils fournissent des informations qui se vérifient après coup.

Si les accélérations et les ralentissements ne jouent pas sur la linéarité narrative, **les retours en arrière en évoquant des faits passés la modifient quelque peu.** Ainsi, le premier jour du voyage, Boule de suif raconte à ses compagnons l'épisode qui l'a contrainte à quitter Rouen. Recherchée par les autorités ennemies pour avoir agressé un officier prussien venu réquisitionner son domicile, elle doit fuir cette ville. Plus tard, à la fin de la nouvelle, après le dîner final, Loiseau rapporte l'incident du corridor entre Boule de suif et Cornudet pour expliquer la mauvaise humeur de ce dernier (p. 62). Si le lecteur ignore l'agression de l'officier prussien par Boule de suif parce que cet événement précède le début du récit, il sait, pour l'avoir lu (p. 45), que Boule de suif a, par patriotisme, refusé les avances de Cornudet lors de leur première nuit à l'auberge. Si le premier retour en arrière éclaire la suite narrative en confirmant l'aversion de Boule de suif pour les soldats ennemis, le second en revanche n'a qu'une valeur anecdotique. Il porte à la connaissance de tous un fait connu des seuls protagonistes et de Loiseau qui, en révélant son voyeurisme, corrobore les informations données par le narrateur à son sujet.

Loin d'être anodines, les variations de la vitesse de narration participent à la construction du sens de la nouvelle car le temps de la nouvelle correspond à celui d'une aventure. Les cinq jours que dure celle de *Boule de suif* recouvrent des durées particulières qui conduisent le lecteur à faire l'expérience d'une temporalité différente selon la façon dont les événements sont relatés. Ce temps organisé autour d'un événement à valeur privée, **la demande de l'officier prussien à Boule de suif devient rapidement un temps collectif** dans la mesure où la décision de la jeune femme concerne l'ensemble des voyageurs. La mise en œuvre de ces durées et temps particuliers permettent un balisage temporel précis de la nouvelle, son « ancrage » dans le réel et lui donne son unité dramatique.

B. LE SCHÉMA NARRATIF

Située dans un cadre spatio-temporel déterminé, la Normandie pendant la guerre franco-prussienne de 1870, la nouvelle *Boule de suif* retrace une histoire brève. Après avoir lu l'intégralité de la nouvelle *Boule de suif*, le lecteur reconstruit la fiction et sa lecture l'amène à constater qu'il existe une homologie* entre la succession des événements de l'histoire et l'ordre dans lequel ils sont narrés. **Le respect de l'ordre chronologique et de l'ordre logique contribue à faciliter la lecture de la nouvelle.** Le récit se développe d'une manière linéaire et comporte d'une part, les différentes actions des personnages, d'autre part les événements qui leur arrivent. La linéarité de la narration permet de dégager la structure du récit qu'on peut représenter de façon schématique. Les travaux de A. J. Greimas et P. Larevaille fondent tout récit sur un schéma canonique ou schéma quinaire* à cause des cinq étapes qui le constituent. **Le récit consiste en la transformation d'un état initial en un état final à la suite d'un événement perturbateur qui déclenche un processus de transformation marqué par une succession d'événements et d'actions jusqu'à ce qu'un autre élément rétablisse l'équilibre et achève le récit.** En simplifiant, l'état initial correspond à l'ouverture du récit, le processus de transformation à l'intrigue, l'état final au dénouement. Ce modèle simple, facile à comprendre mais à manier avec précaution s'applique à *Boule de suif* (cf. tableau ci-dessous).

Ainsi, pour qu'il y ait histoire, il faut qu'un élément, événement ou action, ici l'entretien de Boule de suif avec l'officier prussien et son refus de le satisfaire viennent perturber l'état initial, le voyage de dix habitants de Rouen vers Dieppe. Ce refus entraîne une série d'actions et d'événements qui constituent les diverses péripéties de l'intrigue et la dynamique du récit. Un nouvel élément, la résolution, intervient pour clore ce processus : la décision de Boule de suif de satisfaire l'officier prussien amorce le dénouement et prépare le départ des voyageurs pour Dieppe.

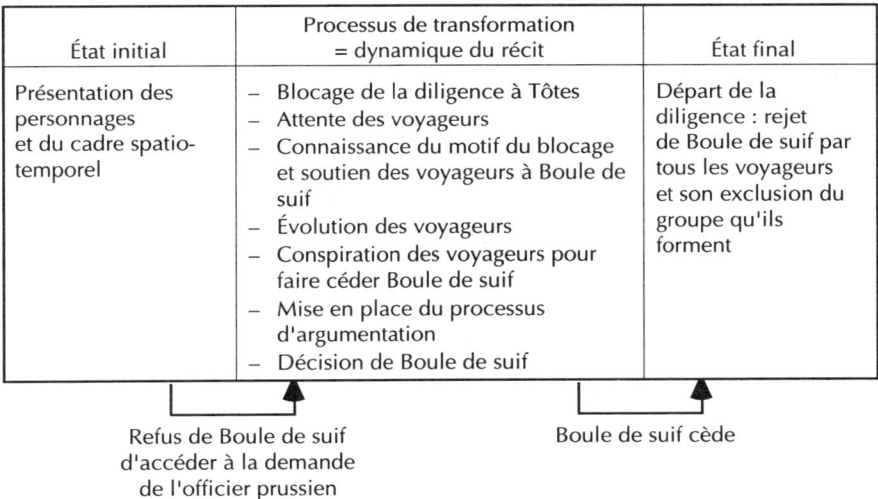

État initial	Processus de transformation = dynamique du récit	État final
Présentation des personnages et du cadre spatio-temporel	– Blocage de la diligence à Tôtes – Attente des voyageurs – Connaissance du motif du blocage et soutien des voyageurs à Boule de suif – Évolution des voyageurs – Conspiration des voyageurs pour faire céder Boule de suif – Mise en place du processus d'argumentation – Décision de Boule de suif	Départ de la diligence : rejet de Boule de suif par tous les voyageurs et son exclusion du groupe qu'ils forment

Refus de Boule de suif
d'accéder à la demande
de l'officier prussien

Boule de suif cède

– LE RYTHME DU RÉCIT : LES RÉPÉTITIONS, LES EFFETS DE SYMÉTRIE ET DE CERCLE

Dans *Boule de suif*, Maupassant exploite une des particularités de la nouvelle, en l'occurrence la brève durée de lecture pour présenter l'héroïne dans le cadre d'un projet simple : se rendre en diligence avec d'autres voyageurs de Rouen à Dieppe pour fuir l'invasion prussienne. Or, cette action va connaître un certain nombre de péripéties, durer quelques jours et mettre en scène plusieurs personnages à la faveur d'une crise due à l'interdiction de l'officier prussien de poursuivre le voyage tant que Boule de suif ne cède pas à ses avances. **Si les événements se déroulent dans un ordre chronologique, les distorsions temporelles se manifestent entre la durée des événements et celle que le texte leur accorde.** À l'intérieur de la linéarité de la narration, on relève tantôt des accélérations, tantôt des ralentissements de l'action, tantôt des retours en arrière. **Ces variations de temporalité participent au rythme du récit puisqu'en focalisant l'attention sur tel ou tel événement, fait ou épisode, elles accentuent son intérêt dramatique.** De surcroît, la brièveté de la nouvelle favorise la mémorisation par le lecteur des événements importants et lui rend facilement perceptibles les répétitions, les symétries et les effets de parallélisme et de cercle qui balisent le récit. Aussi, les deux repas dans la diligence, l'un au début, l'autre à la fin du voyage se font-ils écho. Le premier jour du voyage, « à trois heures » (p. 35), Boule de suif qui est la seule à avoir préparé des provisions les partage avec ses compagnons de voyage qui n'en ont pas : « […] et l'on apercevait encore dans le panier d'autres bonnes choses enveloppées, des pâtés, des fruits, des friandises, les provisions préparées pour un voyage de trois jours […] » (p. 35)

À la fin du récit, le voyage reprend. Au bout de « trois heures de route » (p. 64), les voyageurs mangent leurs provisions sans les partager avec Boule de suif qui n'en a pas. **Le parallélisme de ces deux scènes et le contraste qu'elles offrent mettent en évidence l'inversion des rôles qui se produit entre les protagonistes** : « Alors elle songea à son grand panier tout plein de bonnes choses qu'ils avaient goulûment dévorées […] » (p. 65)

Cette réminiscence de Boule de suif symbolise le comportement des voyageurs à son égard : non contents d'avoir dévoré ses provisions, ils l'ont poussée à devenir un « objet à dévorer » par l'officier prussien, puis le rejettent pour dévorer leurs propres provisions illustrant le vieil adage « l'homme est un loup pour l'homme ».

À l'auberge de Tôtes, durant quatre jours, les rituels se répètent : il s'agit notamment des repas, des promenades, de l'attente, de la demande de l'officier prussien, du refus de Boule de suif, des discussions, du temps consacré au sommeil. Ces actes répétitifs évoquent la vie quotidienne marquée par divers rituels et signalent outre un souci de réalisme, quelques-unes des péripéties importantes de la nouvelle puisqu'au cours de ces rituels journaliers, les protagonistes vont comploter contre Boule de suif et la conduire à céder à l'officier. La reprise de phrases semblables concernant les rituels ponctuent le récit :

– **Le rituel des repas** : « Enfin, on allait se mettre à table » (p. 42) ; « et l'on mangea quelque peu » (p. 49) ; « Comme on allait se mettre à table » (p. 50) ; « le déjeuner fut bien triste » (p. 52) ; « Aussitôt à table » (p. 57) ;

« Au moment où l'on servit le potage » (p. 57) ; « le déjeuner fut tranquille » (p. 59) ; « l'heure du dîner sonna » (p. 60).

– **Le rituel de promenade** : « le comte propose de faire une promenade aux alentours du village » (p. 52) ; « la comtesse proposa de faire une promenade dans l'après-midi » (p. 59).

– **Le rituel de l'ultimatum** : « Monsieur Follenvie […] prononça » (p. 50) ; « Monsieur Follenvie reparut, répétant sa phrase de la veille » (p. 57).

Ces répétitions jalonnent le récit dont elles marquent surtout la progression tandis que la ressemblance des phrases annonçant les rituels permet au narrateur de souligner l'unité structurale de l'action et, à travers ces activités similaires, l'évolution des personnages : leur passage d'un soutien affirmé à Boule de suif au début de l'ultimatum à un manque de soutien délibéré, enfin à une solidarité de tous les voyageurs hormis Cornudet contre elle.

Les effets de symétrie, de parallélisme et de cercle entre certaines scènes accentuent le sentiment d'impuissance des voyageurs et leur capitulation rapide lorsque ni leur personne, ni leurs biens, ni leurs intérêts propres ne sont en jeu. Cette capitulation des notables à la fin de la nouvelle n'est pas sans rappeler celle de l'armée française en déroute et des civils soumis à l'ennemi que le narrateur présente avec force détails au début du récit : la défaite désorganise la société qui s'effondre dans la guerre. Enfin, le sacrifice puis l'exclusion de Boule de suif qui achèvent le processus de transformation mis en place par la demande de l'officier prussien clôturent la narration : les notables, lâches, égoïstes, incapables d'évoluer malgré la crise qu'ils viennent de traverser forment un monde clos, fermé sur lui-même sans espoir, ni progrès.

Les variations de la vitesse de narration constituent une exigence dramatique car l'emploi d'un même mode de narration nuirait à l'expressivité du récit. Aussi, l'alternance des accélérations, des ralentissements, des pauses, des scènes, des retours en arrière en suscitant des contrastes, des effets de symétrie, de parallélisme et de cercle met en évidence les moments dramatiques importants, faisant ainsi progresser l'intrigue. **Les distorsions temporelles et les variations de temporalité introduisent des éléments de variété dans ce bref récit auquel elles donnent son rythme et son tempo.** Comme elles suscitent l'appel à l'imagination, elles provoquent « une résonance féconde » dans l'esprit du lecteur dont elles élargissent « l'horizon d'attente* ».

C. LES CHOIX NARRATIFS

Texte à dominante narrative, *Boule de suif* comporte aussi des passages descriptifs et argumentatifs intégrés dans la narration. Cela lui donne des modes d'énonciation différents selon la dominante de la séquence envisagée et nous conduit à accorder une attention particulière au narrateur*, à ses marques dans le texte, enfin à son rôle dans la nouvelle.

– LE NARRATEUR ET SES MARQUES

• Les changements de perspective

Dans *Boule de suif*, le récit est fait au passé, à la troisième personne. La narration qui concerne l'organisation de la fiction dans le récit est celle d'un **narrateur omniscient** mais non figuré qui n'ignore rien des actes, des pensées, des sentiments et des émotions des personnages. Cependant, le narrateur reste extérieur à l'action même s'il présente au lecteur les lieux, les actions et les personnages intérieurement et extérieurement, ce qui donne à ce dernier l'impression de percevoir et d'appréhender les contradictions possibles de chaque personnage et les tensions au sein des groupes. **Cette instance narrative appelée focalisation zéro***, largement utilisée au XIXe siècle règle la circulation des savoirs entre le narrateur et le narrataire* et au-delà entre l'écrivain et le lecteur. Ce savoir partagé de façon inégale par les personnages participe à l'intrigue dont il détermine à la fois les enjeux et les rebondissements. Il concerne aussi bien les faits, les événements et les sentiments que leur évolution au cours de l'histoire narrée.

Le lecteur n'en reste pourtant pas à cette vision manichéenne dans la mesure où pour ménager le suspense, le narrateur change de perspective et adopte une autre technique narrative, **la focalisation externe***. Alors, il se comporte comme une caméra, se limite à présenter les actes, les paroles, les attitudes et les conduites des personnages sans donner la moindre information sur leur intériorité que le lecteur se trouve libre d'imaginer à partir des renseignements donnés. Ainsi, au cours de l'épisode concernant l'entretien de Boule de suif avec l'officier prussien, il n'indique les raisons ni de la convocation de Boule de suif, ni celle de sa fureur à l'issue de l'entrevue puisque ni elle, ni lui ne les évoquent. Certes, ce changement de perspective réduit le champ d'informations des autres personnages et du lecteur mais cette limitation momentanée permet à l'intrigue de se nouer. Fidèle disciple de Flaubert, Maupassant applique le principe selon lequel **« L'artiste doit être dans son œuvre comme Dieu dans la création,**

invisible et tout puissant, qu'on le sente partout, mais qu'on ne le voie jamais », (Lettre à Louise Colet du 18 mars 1857) tout en réservant au narrateur la possibilité d'intervenir de différentes façons dans le récit. En effet, on note rarement il est vrai un changement de focalisation et le passage de la focalisation zéro à **la focalisation interne*** notamment sur Madame Loiseau : brièvement, le narrateur adopte son point de vue lorsque son époux décide d'offrir le champagne pour célébrer la réussite de leur conspiration contre Boule de suif : « [...] et Madame Loiseau eut une angoisse lorsque le patron revint avec quatre bouteilles aux mains. » (p. 60) À la fin de la nouvelle, le narrateur embrasse celui de Boule de suif au moment du second repas dans la diligence : « Alors elle songea à son grand panier tout plein de bonnes choses [...] » (p. 65)

- **Les marques d'objectivité**

Témoin anonyme, le narrateur de *Boule de suif* fait preuve d'objectivité lorsqu'il énonce ses idées sans prendre parti et choisit d'employer des termes plats, sans connotation spécifique, un système d'énonciation impersonnel et le pronom indéfini « on » donnant ainsi au texte un ton de neutralité : « Les Prussiens allaient entrer dans Rouen, disait-on. » (p. 24)

De même, il évalue de manière objective la réaction des habitants de Rouen au moment de l'invasion prussienne :

> Car la même sensation reparaît chaque fois que l'ordre établi des choses est renversé, que la sécurité n'existe plus, que tout ce que protégeaient les lois des hommes ou celles de la nature, se trouve à la merci d'une brutalité inconsciente et féroce. (p. 25)

L'absence du narrateur dans le texte indique **un souci d'énoncer diverses idées sans prendre parti et une attitude influencée par une volonté réelle ou mimée d'objectivité**. Toutefois, bien que tenu en dehors des événements, le narrateur se manifeste dans le texte par certains procédés intéressants à étudier pour déterminer ses marques, puis son rôle dans la nouvelle.

- **Les marques de subjectivité**

Ces marques concernent l'emploi d'éléments modélisateurs qui révèlent l'appréciation que le narrateur porte sur la narration et/ou le discours. Dans ce récit à la troisième personne, on remarque l'absence d'indices de subjectivité tels que les pronoms personnels, les pronoms et adjectifs possessifs de la première personne. Mais on relève des indices de doute qui rendent la pensée moins précise et des conditionnels qui atténuent la force du récit :

> En le ménageant on obtiendrait peut-être quelques hommes de moins à nourrir. [...] Agir ainsi serait moins de la bravoure que de la témérité. (p. 26)

Ces indices de la présence du narrateur dans le texte se trouvent confortés par d'autres marques qui révèlent également ses interventions, ses prises de position et ses jugements de valeur sur les personnages et les événements.

• Les marques d'affectivité et les opinions du narrateur

Elles portent sur **la manière dont le narrateur manifeste sa préférence ou sa répugnance à l'égard d'un personnage ou d'une idée**. Dès les premières pages de la nouvelle, il prend parti lorsqu'il présente les personnages et révèle son opinion sur eux. Il insiste sur la médiocrité du couple Loiseau, la duplicité des Bréville, l'opportunisme des Carré-Lamadon, surtout de Monsieur Carré-Lamadon :

> [...] homme considérable, posé dans les cotons, propriétaire de trois filatures, officier de la Légion d'honneur et membre du Conseil général. Il était resté, tout le temps de l'Empire, chef de l'opposition bienveillante, uniquement pour se faire payer plus cher son ralliement à la cause qu'il combattait avec des armes courtoises, selon sa propre expression. (p. 30-31)

Il esquisse une caricature sans indulgence des religieuses, ridiculise l'indécision de Cornudet :

> Fort bon garçon, du reste, inoffensif et serviable, il s'était occupé avec une ardeur incomparable d'organiser la défense. (p. 32)

> [...] car les démocrates à longue barbe ont le monopole du patriotisme comme les hommes à soutane ont celui de la religion. (p. 39)

Seule Boule de suif trouve grâce à ses yeux, son portrait témoignant de la sympathie pour elle : « [...] elle restait cependant appétissante et courue, tant sa fraîcheur faisait plaisir à voir. » (p. 32)

En outre, il dresse divers constats à propos notamment des comportements des personnages confrontés à la guerre : « Et la témérité n'est plus un défaut des bourgeois de Rouen, comme au temps des défenses héroïques où s'illustra leur cité » (p. 26) ou à la faim qui réduit les écarts dus à l'appartenance des voyageurs à des classes sociales différentes : « Le premier pas seul coûtait. Une fois le Rubicon passé on s'en donna carrément. Le panier fut vidé. » (p. 38)

Il émet des jugements de valeur laudatifs ou péjoratifs sur les actes et/ou les discours des personnages par ses commentaires les concernant. Il dévalorise l'attitude de Mesdames de Bréville, Carré-Lamadon et Loiseau lorsqu'accompagnées de Boule de suif elles rencontrent par hasard l'officier prussien qui les salue :

> [...] et les trois femmes mariées ressentaient une grande humiliation d'être ainsi rencontrées par ce soldat, dans la compagnie de cette fille qu'il avait si cavalièrement traitée. (p. 53)

L'expression de ses opinions produit le même impact que les marques d'affectivité et lui offrent l'opportunité d'exposer son point de vue notamment son mépris pour la couardise et la lâcheté des bourgeois de Rouen :

> Beaucoup de bourgeois bedonnants, émasculés par le commerce, attendaient anxieusement les vainqueurs, tremblant qu'on ne considérât comme une arme leurs broches à rôtir ou leurs grands couteaux de cuisine. (p. 24)

• **Les effets d'expressivité**

Ils concernent **les interrogations, les exclamations, les répétitions, les procédés de contact, les variations de niveaux de langue** qui sont aussi révélateurs de l'opinion du narrateur et visent à établir une certaine connivence avec le lecteur : « Le champagne a de ces effets-là ; il trouble, dit-on, le sommeil. » (p. 62)

Dans l'écrit oralisé, l'emploi de la forme composée avec « là » souvent considéré comme péjoratif est assez généralisé dans la langue orale, il constitue une mise en relief, renvoie à la situation d'énonciation et sert à actualiser le propos.

– LA NARRATIVISATION DU DISCOURS

L'emploi du discours narré permet au narrateur qui rapporte les propos des personnages de laisser percevoir sa présence. Comme les dialogues au style direct ne sont pas la règle dans cette nouvelle où le narrateur raconte souvent les conversations tenues par les personnages, ce dernier retient seulement ce qui correspond à son propos. De ce fait, la parole lui appartient plus qu'elle n'appartient aux personnages. On ignore les questions que posent ses compagnons de voyage à Boule de suif après son entrevue avec l'officier prussien : « Alors Boule de suif fut entourée,

interrogée, sollicitée par tout le monde de dévoiler le mystère de sa visite. »
(p. 51) Dès lors, le narrateur en racontant le discours qu'il développe ou
résume à son gré, ne donne pas son contenu réel d'où la possibilité d'intervenir en valorisant ou en dépréciant les divers propos : « La grosse fille,
encore émue, raconta tout, et les figures, et les attitudes, et l'aspect même
de l'église. » (p. 56)

- **Le rôle du narrateur**

Les divers procédés qu'utilise Maupassant pour marquer la présence du
narrateur dans la nouvelle indiquent au moins en partie le rôle qu'il lui
assigne et son souci d'établir grâce à lui un contact avec le lecteur.

- **Le changement de perspective**

Au cours de la nouvelle, le changement de perspective autorise le narrateur à procéder à des explications, des ellipses, des retours en arrière ou des
anticipations. Ces procédés ont pour effet d'attirer l'attention du lecteur
d'une part, **sur certains faits d'apparence anodine** mais qui éclairent le
contexte psychologique et dramatique de la nouvelle ; d'autre part, **sur les
événements importants pour la progression de l'intrigue**. Aussi, le
changement d'attitude des voyageurs de la diligence à l'égard de Boule de
suif lorsqu'ils sont informés de son refus de céder aux avances de l'officier
prussien incite le narrateur à introduire un questionnement qui anticipe sur
leurs pensées encore secrètes : « Quoi de plus simple ? Qui l'eût su,
d'ailleurs ? Elle aurait pu sauver les apparences en faisant dire à l'officier
qu'elle prenait en pitié leur détresse. Pour elle, ça avait si peu d'importance ! » (p. 52) Plus tard, le fait qu'elle ait agressé un soldat prussien à
Rouen explique son aversion pour les soldats ennemis, ses réticences à
satisfaire l'officier prussien, mais surtout la valeur de son sacrifice. **La
focalisation zéro permet au narrateur de mettre en évidence la portée
de son dévouement qui n'est pris en compte par aucun de ses compagnons de voyage, d'où son désespoir :**

> Elle se sentait en même temps indignée contre tous ses voisins, et
> humiliée d'avoir cédé, souillée par les baisers de ce Prussien
> entre les bras duquel on l'avait hypocritement jetée. (p. 63)

Cette omniscience du narrateur de *Boule de suif* qui sait tout des personnages et voit tout, le conduit souvent à abandonner la neutralité et l'objectivité à leur égard. Cela l'amène à participer d'une certaine façon à la nou-

velle puisque les choix énonciatifs de l'auteur le font intervenir dans le récit.

• La caractérisation des personnages

Nous avons vu dans un paragraphe précédent que le narrateur porte un jugement sans ambiguïté sur les personnages par la manière dont il présente et juge leurs actes induisant de la sorte le regard que le lecteur porte sur eux. Il saisit les traits essentiels de leur physique, de leur caractère, de leur comportement et de leur discours, jouant sur les contrastes existant entre eux pour mieux les caractériser et leur attribuer un rôle précis dans le déroulement de l'intrigue. Il n'hésite pas à violer un tabou en critiquant la vieille religieuse au cours de l'avant-dernier dîner pris en commun à l'auberge de Tôtes et en la dépréciant par son jugement aux yeux du lecteur :

> On la croyait timide, elle se montra hardie, verbeuse, violente. Celle-là n'était pas troublée par les tâtonnement de la casuistique ; sa doctrine semblait une barre de fer ; sa foi n'hésitait jamais ; sa conscience n'avait point de scrupules. Elle trouvait tout simple le sacrifice d'Abraham, car elle aurait immédiatement tué père et mère sur un ordre venu d'en haut [...] (p. 58)

De même, il intervient dans le récit pour dénoncer avec vigueur les tares de la société contemporaine, des vainqueurs comme des vaincus, toutes classes sociales confondues. Il fustige d'abord l'avarice des normands :

> Les vainqueurs exigeaient de l'argent, beaucoup d'argent. Les habitants payaient toujours ; ils étaient riches d'ailleurs. Mais plus un négociant normand devient opulent et plus il souffre de tout sacrifice, de toute parcelle de sa fortune qu'il voit passer aux mains d'un autre. (p. 26-27)

puis leur appât du lucre* :

> Enfin, comme les envahisseurs, bien qu'assujettissant la ville à leur inflexible discipline, n'avaient accompli aucune des horreurs que la renommée leur faisait commettre tout le long de leur marche triomphale, on s'enhardit, et le besoin de négoce travailla de nouveau le cœur des commerçants du pays. (p. 27)

enfin l'arrogance des vainqueurs : « Il présentait un magnifique échantillon de la goujaterie naturelle au militaire victorieux. » (p. 49)

• L'impact des interventions du narrateur sur le discours

L'alternance dans la nouvelle de diverses techniques discursives, discours direct, discours indirect, discours indirect libre et discours narrativisé, permet au narrateur d'une part d'employer des verbes d'opinion ou des adverbes modalisateurs, d'autre part, d'évaluer la forme et le contenu des discours. **Si le discours direct limite au maximum son rôle, en revanche, dans le discours indirect, le discours indirect libre et le discours narrativisé, les traces de sa présence sont autant d'indications sur la manière dont il perçoit les propos tenus, influençant ainsi la lecture du texte.** Dans l'extrait suivant, il fait mouche en jugeant en même temps Mesdames Loiseau et Carré-Lamadon :

> Mais Madame Loiseau, qui était de la nature des orties, fit remarquer à son mari, au moment où ils se couchaient, que cette « chipie » de petite Carré-Lamadon avait ri jaune toute la soirée [...] (p. 62)

D'ailleurs, le contenu du discours indirect libre lui permet également en prenant parti, d'agir sur le lecteur, de guider sa lecture en modifiant ou en renforçant l'impression déjà suscitée par un personnage comme par exemple, la vieille religieuse :

> [...] la femme aux chapelets pendants parla des maisons de son ordre, de sa supérieure, d'elle-même, et de sa mignonne voisine, la chère sœur Saint-Nicéphore. (p. 58)

Enfin, le discours narrativisé lui offre une plus grande marge de manœuvre dans la mesure où l'abandon de la succession des échanges correspondant au dialogue l'amène à raconter les discours en les résumant, ou les développant, réduisant ou amplifiant à son gré certains passages. Ce procédé en intégrant les propos dans le récit le conduit à s'approprier en quelque sorte la parole des personnages, à la formuler à son goût, selon les besoins de l'intrigue, les intentions de l'auteur et son souci de caractériser les protagonistes de la nouvelle.

– LES RAPPORTS NARRATEUR-LECTEUR

Dans *Boule de suif* plus que dans d'autres nouvelles, la présence et les interventions du narrateur visent à établir la complicité entre lui et le lecteur. Certes, l'appel à une expérience commune relève de la compétence pragmatique* du lecteur de Maupassant quant à l'environnement historique, social, culturel de la France à la fin du XIXe siècle mais il sert surtout à créer un imaginaire commun au narrateur et au lecteur. **À cet effet, Maupassant utilise un certain nombre de techniques narratives en vue de faire participer le lecteur à son projet.** Ainsi, l'emploi de « on » à valeur indéterminée dans le récit ou le discours vise à intégrer dans un même projet les protagonistes, le narrateur et le lecteur, Maupassant jouant pour cela sur la fonction conative* du langage :

> On aurait pu croire, à la fin, que le seul rôle de la femme, ici-bas, était un perpétuel sacrifice de sa personne, un abandon continu aux caprices des soldatesques. (p. 57)

Du reste, l'emploi de registres de langue variés, d'indices référentiels, de démonstratifs à valeur de présentatif ou renforcés par les adverbes « ci » ou « là » établissent également le contact entre le narrateur, les personnages et le lecteur :

> — Oui, madame, ces gens-là, ça ne fait que manger des pommes de terre et du cochon, et puis du cochon et des pommes de terre. Et il ne faut pas croire qu'ils sont propres. — Oh non ! — Ils ordurent partout, sauf le respect que je vous dois. Et si vous les voyiez faire l'exercice pendant des heures et des jours ; ils sont là tous dans un champ : — et marche en avant, et marche en arrière, et tourne par-ci, et tourne par-là. (p. 44)

Grâce à cette intelligence avec le lecteur et à la combinaison de ces divers procédés, le narrateur peut participer à la mise en œuvre de l'argumentation en faisant jouer entre autres dispositifs l'ironie.

Les différentes marques de la présence du narrateur infèrent son rôle comme instance narrative, produisent des effets de lecture, donnent à la nouvelle une certaine tonalité, participant ainsi à la construction du sens. En outre, elles suscitent de la part du lecteur une certaine distanciation et une prise de recul critique par rapport au texte. D'ailleurs, dans la préface de *Pierre et Jean*, roman publié en 1887, Maupassant exprime *a posteriori* ses idées sur la perception du lecteur, idées déjà à l'œuvre dans ses écrits antérieurs. À la lumière de son expérience, il constate :

> Le lecteur, qui cherche uniquement dans un livre à satisfaire la tendance naturelle de son esprit, demande à l'écrivain de répondre à son goût prédominant, et il qualifie invariablement de remarquable ou de bien écrit l'ouvrage ou le passage qui plaît à son imagination idéaliste, gaie, grivoise, triste, rêveuse ou positive.
>
> En somme, le public est composé de groupes nombreux qui nous crient :
>
> « Consolez-moi.
>
> — Amusez-moi.
>
> — Attristez-moi.

— Faites-moi rêver.
— Faites-moi rire.
— Faites-moi frémir.
— Faites-moi pleurer.
— Faites-moi penser. »
Seuls, quelques esprits d'élite demandent à l'artiste : Faites-moi
quelque chose de beau, dans la forme qui vous conviendra le
mieux, suivant votre tempérament ».
L'artiste essaie, réussit ou échoue. (*Pierre et Jean*, Le Livre de
Poche, p. 9)

Dès lors, par le biais des interventions du narrateur, Maupassant, soucieux d'entretenir la complicité du narrateur et du lecteur, oriente la lecture de la nouvelle par différentes techniques stylistiques manifestant ainsi son désir de communiquer avec son lectorat.

– L'ARGUMENTATION

• **Les agents de l'argumentation et leurs stratégies**

Loin d'être seul dans la conspiration menée contre Boule de suif, Monsieur de Bréville est aidé dans son entreprise de persuasion par le groupe des **argumentateurs*** composé de son épouse ainsi que des couples Carré-Lamadon et Loiseau, notables qui unissent leurs efforts pour la convaincre de satisfaire la demande de l'officier prussien. Or, la jeune courtisane oppose un refus farouche aux demandes réitérées de ce dernier. Aussi, connaissant son caractère et sa détermination, les argumentateurs* vont-ils ruser pour vaincre sa résistance. D'une part, en « vrais patriotes », ils ont approuvé avec vigueur son opposition à l'idée même d'accorder ses faveurs à un officier ennemi qualifié de « barbare » et n'ont donc pas la possibilité sans perdre la face de revenir sur le soutien appuyé qu'ils lui ont accordé car cela constituerait un déni d'eux-mêmes ; d'autre part, ayant déjà montré leur mépris pour la prostitution et la prostituée qu'elle est, ils ne peuvent décemment l'encourager à se prostituer à nouveau. C'est pourquoi, conscients de la mortification que représente pour elle un tel acte, ils conviennent de l'amener à revenir d'elle-même sur son refus « **puisqu'un sacrifice aussi pénible [...] devait venir d'elle-même** » (p. 53). Une fois cette exigence établie, **ils organisent un circuit argumentatif* en vue de la convaincre de se sacrifier** en recourant à des exemples anciens qu'ils actualisent, puis avancent l'argument religieux bientôt suivi de celui de la charité et de la solidarité, ensuite s'adressent au *pathos** de la jeune femme, enfin utilisent avec subtilité l'implicite du discours.

- **La mise en scène de l'argumentation**

Une fois la conspiration décidée, les voyageurs de la diligence se répartissent en **trois groupes distincts** : les argumentateurs* soudés par un intérêt commun, à savoir la reprise du voyage vers Le Havre, les indécis, Cornudet et les deux religieuses, groupe neutre *a priori* qu'il s'agit de rallier face à l'argumentataire*, Boule de suif, personnage isolé qu'il faut convaincre. Or, la vie à l'auberge conduit ces protagonistes à se retrouver obligatoirement dans la salle à manger lors des repas pris en commun au cours desquels ils engagent des conversations à bâtons rompus, alimentées par divers thèmes. Comme le dîner correspond au moment choisi par l'officier pour réitérer sa demande à Boule de suif par la voix de Monsieur Follenvie, il offre un cadre spatio-temporel de choix aux conspirateurs pour présenter leurs arguments. De plus, les conversations autour de la table étant entendues de tous les participants au dîner, cela facilite les discussions collectives et les échanges informels de points de vue. **Dès lors, l'option choisie par les conspirateurs consiste à argumenter en prenant Boule de suif pour cible** sans la désigner nommément comme interlocutrice privilégiée du discours argumentatif puisqu'**il s'agit de lui faire accepter un sacrifice reconnu inacceptable**. De ce fait, ni les arguments ne sont explicitement énoncés, ni les stratégies argumentatives* ne sont dévoilées car Boule de suif ignore les intentions de ses compagnons de voyage.

- **Le recours aux exemples anciens**

Les argumentateurs* n'exposent pas de thèse* mais proposent des exemples pris dans l'Antiquité comme modèles héroïques ou religieux à suivre pour leur exemplarité. Les personnages choisis appartiennent à l'histoire juive ou à l'Antiquité romaine, ont eu des conduites méritoires notamment la reine Cléopâtre, Judith, Lucrèce, les femmes romaines avec les soldats carthaginois ennemis, toutes se sont illustrées par leur courage et leur dévouement à leur patrie. Toutefois, emportés par la volonté de frapper l'imagination de Boule de suif, les argumentateurs* commettent des erreurs sur les personnages cités d'où l'ironie de Maupassant à propos de leur ignorance que la jeune femme est incapable de relever vu son manque d'instruction dans ce domaine.

L'exemple de Judith et Holopherne, extrait de la Bible, ne peut laisser insensible la courtisane encore émue par le rituel du baptême du jeune enfant à l'église de Tôtes. Par ailleurs, **le passage d'exemples individuels de femmes célèbres Judith, Lucrèce, Cléopâtre aux « citoyennes de Rome » puis à « toutes les femmes qui ont arrêté des conquérants » permet la généralisation de l'exemple par le passage du particulier au général.** Cette généralisation a pour objet de conduire Boule de suif à se sentir concernée par le destin de ces citoyennes romaines en qui elle peut se reconnaître et à vouloir par émulation les imiter.

- **L'actualisation de l'exemple**

Cependant, l'exemple de l'« Anglaise de grande famille » désireuse de transmettre une maladie contagieuse à Bonaparte paraît inopportun parce que Boule de suif est bonapartiste et qu'elle a peu d'affinités avec la haute aristocratie étrangère. L'actualisation par un exemple situé au XIXᵉ siècle ne semble pas réussie dans la mesure où la prostituée peut difficilement s'identifier à une aristocrate, anglaise de surcroît, pourtant le contraste entre la dignité de ce personnage et la vulgarité de la maladie a de quoi frapper son imagination. En outre, l'emploi pour tous ces exemples de tournures emphatiques et de procédés de mise en relief leur donne une portée plus grande et une amplitude évidente due à l'agencement des groupes de mots, à l'expansion et à la longueur des phrases.

- **L'argument religieux**

Au cours de l'avant-dernier repas à l'auberge de Tôtes, la comtesse de Bréville pour combler le vide de la conversation, interroge opportunément la vieille religieuse sur la vie des saints, les cas de conscience que posent certains actes et les choix moraux embarrassants. Sans préméditation, la nonne met l'accent sur l'importance de l'intention qui guide l'action plus que sur l'action elle-même. Si l'intention est pure, un acte même criminel est absout par Dieu : **« L'Église absout sans peine ces forfaits quand ils sont accomplis pour la gloire de Dieu ou le bien du prochain. »** (p. 57) Ce type d'arguments de finalité et d'intention pour juger les crimes commis par des saints concerne **la casuistique***. Longtemps utilisés par l'Église, ces arguments ont été dénoncés depuis, notamment par Pascal au XVIIᵉ siècle, à cause de la possibilité de justifier grâce à eux les crimes les plus abominables. La comtesse de Bréville exploite cet argument, conduit la vieille religieuse à déclarer : « Une action blâmable en soi devient méritoire par la pensée qui l'inspire » (p. 58) et s'offre la possibilité implicite de le transférer à leur cas présent et de passer de la vie des saints à celle de Boule de suif. En effet, ces arguments de finalité et d'intention offrent par glissement la possibilité d'être élargis à la situation de Boule de suif afin de l'inciter à commettre par imitation un acte que la morale réprouve et qu'elle rejette avec énergie pour le bien de ses compagnons et sa propre sauvegarde en invoquant un motif noble puisque « [...] **rien, à son avis, ne pouvait déplaire au Seigneur quand l'intention était louable.** » (p. 58)

- **L'argument de la charité et de la solidarité**

Lors de ce même dîner, la vieille religieuse évoque sa mission patriotique et religieuse, son dévouement sur les champs de bataille envers les soldats blessés, malades ou mourants et raconte sa vie auprès d'eux, les soins qu'elle leur prodigue, leurs misères physique, matérielle et morale. Sœur infirmière et missionnaire, fidèle au vœu de charité prononcé à son engagement dans les ordres, elle s'autovalorise pour ce don de soi et de ce fait culpabilise Boule de suif qui, en la retenant à Tôtes, contraint des compatriotes blessés à souffrir sans soins peut-être même à mourir par sa faute. **L'utilisation du champ argumentatif* de la guerre, de la maladie, du dévouement, du don de soi, du sacrifice constitue sans doute une exagération de la réalité quotidienne de leurs interventions auprès des soldats mais contribue à déstabiliser la courtisane.** Sa mise en accusation de l'officier prussien qui les retient à Tôtes retentit par ricochet sur Boule de suif : leur impossibilité de se dévouer pour les soldats dans le malheur est une accusation indirecte à peine voilée de la jeune femme qui, par son refus de satisfaire la demande du prussien participe à leur immobilisation à l'auberge.

Elle prolonge cet argument d'autorité en indiquant la raison de leur voyage vers Le Havre, attire l'attention de ses interlocuteurs sur la solidarité dont sa jeune compagne et elle-même font preuve envers des soldats afin de susciter celle de Boule de suif dont elle connaît le patriotisme. Sa description des tâches qu'elles accomplissent sur les champs de bataille se fixe entre autres objectifs de l'impressionner voire de semer le trouble dans son esprit. Sans le vouloir consciemment la vieille nonne qui déclare agir pour le bien de ses semblables, vient ici de renforcer la position des autres argumentateurs*, notables soucieux uniquement de leurs intérêts immédiats au détriment de ceux de la courtisane. D'ailleurs, cet apport inattendu de la religieuse au moulin de leurs arguments leur paraît si convaincant qu'ils n'ajoutent rien à ces propos, préférant laisser Boule de suif réfléchir au contenu de cette intervention.

• L'appel au *pathos**

L'appel à la charité et à la solidarité semble si important aux argumentateurs* qu'ils chargent le comte de Bréville de le reprendre lors de la promenade prévue pour conduire Boule de suif à accepter de se sacrifier. Il s'agit pour lui **d'agir sur l'affectivité de la jeune femme puis sur ses sentiments, ses émotions, ses désirs d'abord en la raisonnant et en évoquant les graves menaces qui pèsent sur eux tous puis en la flattant**. En effet, après l'avoir raisonnée et appelée « ma chère enfant », auréolé du prestige de la noblesse et de l'âge, il se permet de la tutoyer, la traite en égale, enfin s'autorise à la complimenter pour sa beauté. Il joue aussi sur la corde patriotique en soulignant avec ostentation que le prussien pourra « se vanter d'avoir goûté d'une jolie fille comme il n'en trouvera pas beaucoup dans son pays » (p. 60). Sachant qu'il a affaire à un être sensible, il profite de cette conversation pour l'impliquer encore davantage dans le projet du groupe des argumentateurs* qu'il représente tout en lui laissant la liberté de décider.

• L'implicite*

Boule de suif, bien que légitimée comme interlocutrice à part entière par la demande de l'officier prussien, reste pour les argumentateurs une argumentataire* implicite pour plusieurs raisons. D'abord à cause de l'absence de circuit argumentatif* puisque Boule de suif argumentataire* supposée ne répond pas aux argumentateurs : « Boule de suif ne disait rien » (p. 57) puis « Boule de suif ne répondit pas » (p. 60). **Cette rupture de fait du circuit argumentatif* et du processus thèse/antithèse/synthèse offre une place privilégiée à la thèse* qui est ici implicitement exposée.** Pourtant, certains arguments ne sont pas explicitement formulés mais demeurent virtuellement contenus dans l'énoncé : sous-entendus, ils sont simplement suggérés, aussi les interlocuteurs peuvent-ils les reconstituer au moyen d'un raisonnement logique. Or, le sous-entendu* peut donner lieu à diverses lectures sans qu'il soit possible comme pour le présupposé* d'en prouver ou d'en nier la véracité. Dans *Boule de suif*, l'utilisation du sous-entendu correspond à des causes différentes. D'abord, **les thèmes traités dans les conversations sont tabous puisqu'ils concernent des interdits**

moraux et sociaux : la prostitution et la collaboration avec l'ennemi.
Au début du récit, la réaction des voyageurs dans la diligence, en particulier le mépris des femmes mariées envers la prostituée Boule de suif, constitue un barrage interdisant d'évoquer ouvertement le thème du sexe dans les conversations.

Du reste, Boule de suif elle-même respecte cet interdit en refusant d'indiquer les motifs de sa colère et de son refus de la demande de l'officier dont elle commence par occulter le contenu. Ce blocage se trouve renforcé par la rencontre des femmes mariées accompagnées de Boule de suif avec l'officier prussien qui les salue. En stigmatisant le « métier » de la courtisane, elles condamnent tout ce qui s'y rapporte, ne peuvent ni en parler librement, ni lui recommander de l'exercer à nouveau qui plus est avec un officier ennemi. De plus, **Boule de suif est patriote** : recherchée par les prussiens, elle fuit Rouen où sa vie est en danger pour avoir agressé un de leurs soldats. Tôtes étant proche de Rouen, l'officier prussien a pu être prévenu par des collègues de la situation de la jeune femme dont le laissez-passer mentionne sans doute la profession. La galanterie étant son métier, il se sent libre de lui demander de lui accorder ses faveurs puisqu'elle ne choisit pas toujours ses clients comme le remarquent successivement le couple Loiseau, puis le comte de Bréville. Dès lors, les repas pris en commun offrent l'occasion aux argumentateurs* de présenter des arguments exploitant implicitement toutes ces informations dont Boule de suif tirera seule les conclusions. Connaissant ses réactions violentes, ils préfèrent ne pas l'attaquer ouvertement mais utiliser des biais. Pour ce faire, **ils l'entourent tout en maintenant son isolement** : Cornudet qui, seul, pourrait l'aider à leur opposer des contre-arguments grâce à sa compétence discursive, se désintéresse d'elle pour se venger d'avoir vu ses avances repoussées, décide de l'abandonner à son sort et n'intervient pas pour la défendre, devenant par cette attitude un complice objectif des notables.

Ainsi, **leur tactique consiste à la faire céder en lui laissant la responsabilité de son choix.** De ce fait, ils parlent entre eux mais elle est la vraie destinataire de leur discours pour plusieurs raisons : **c'est une prostituée, l'officier prussien s'adresse nommément à elle, elle est la seule femme à se trouver dans la situation de celles qui se sont sacrifiées, satisfaire l'officier prussien dépend d'elle.** L'argument invoqué par les argumentateurs et la religieuse constitue une manipulation qui l'engage à tirer des conclusions à partir des exemples cités, à imiter le sacrifice des femmes évoquées. Pour la conduire à revenir sur son refus, les argumentateurs la disqualifient en se taisant à son approche, en l'appelant « mademoiselle » au lieu de « madame », le changement d'appellatif marquant son statut social de célibataire ainsi que leur intention de la dénigrer en employant un discours qu'elle ne comprend pas toujours à cause de son manque d'instruction :

> Mais, au lieu de l'appeler « madame » comme on avait fait jusque-là, on lui disait simplement « mademoiselle », sans que personne sût bien pourquoi, comme si l'on avait voulu la faire descendre d'un degré dans l'estime qu'elle avait escaladée, lui faire sentir sa situation honteuse. (p. 57)

Toutefois, l'usage de l'implicite entraîne également des risques liés à des mauvaises compréhension et interprétation des propos, à l'utilisation de formulations indirectes et à un décalage entre les arguments avancés par les argumentateurs et à la réception de ces mêmes arguments par Boule de suif. L'avantage tient dans l'impossibilité pour elle de les réfuter à cause de l'absence d'argumentataire attitré. C'est pourquoi, au cours du second voyage en diligence, les notables argumentateurs en ignorant son chagrin et sa souffrance nient toute responsabilité dans sa décision de céder aux avances de l'officier prussien.

L'emploi de l'implicite permet de manipuler la jeune femme, de la faire changer d'avis, de modifier son opinion et ses représentations de l'acte que l'officier prussien exige d'elle sans qu'on puisse explicitement leur imputer la responsabilité du choix qui en découle.

• L'ironie*

Les stratégies argumentatives ont porté leurs fruits puisque les argumentateurs ont incité Boule de suif à revenir sur son refus de céder aux avances de l'officier prussien. C'est donc un discours argumentatif efficace pour le personnage qu'est Boule de suif et la fiction romanesque mais inopérant pour le lecteur à cause du recours de Maupassant à l'ironie dans les dernières pages de la nouvelle. Ce procédé montre un décalage entre l'expression et le fond de la pensée, d'où **la nécessité d'interpréter le discours au second degré à partir d'indices**, notamment lors de l'actualisation de l'exemple, la discordance entre la noble extraction sociale de « l'Anglaise de bonne famille » et la nature de sa maladie. De même, le portrait de la religieuse pendant qu'elle argumente permet de relever l'intention ironique de Maupassant à son égard parce que les termes employés pour la décrire et la nommer la dévalorisent. S'il la qualifie de « femme aux chapelets pendants » et la surnomme « bonne sœur Ran-tan-plan », le choix de ces mots et ce surnom la rapproche de Boule de suif dont « les doigts ressemblent à des chapelets de courtes saucisses » et affublée elle aussi d'un sobriquet. **Certes, l'ironie qui contribue à ridiculiser les argumentateurs et leur discours les dévalorise mais participe aussi de façon indirecte à l'argumentation et au maintien de la complicité entre le narrateur et le lecteur** tout en incitant ce dernier à une distanciation et à une prise de recul critique quant aux arguments exposés.

4. Approches thématiques

A. LES THÈMES

Dans les nouvelles qui accompagnent *Boule de suif*, Maupassant aborde l'essentiel des thèmes-clés de son œuvre. **Ainsi, la guerre constitue la toile de fond de plusieurs d'entre elles** : dix ans après la défaite, il montre que les méfaits et les humiliations de la guerre se font encore ressentir et en donne une peinture différente d'une nouvelle à l'autre. Il porte son attention tantôt sur des événements anecdotiques, tantôt sur des faits isolés de la vie quotidienne, tantôt sur la débâcle. À côté de ceux qui se soumettent à l'ennemi, il présente de vrais patriotes souvent des femmes qui résistent aux prussiens dans les villes comme dans les campagnes et se conduisent avec héroïsme dans un anonymat absolu. **Autre thème important, la fascination de Maupassant pour les prostituées de toutes les catégories le conduit à en faire les héroïnes de quelques contes et, la prostitution étant un fait de société, il répond ainsi aux attentes de son public.** En outre, jeune ou vieille, célibataire ou mariée, sage ou frivole, honnête ou vénale, riche ou pauvre quelles que soient son origine et sa condition, la femme retient toute son attention et occupe une place privilégiée dans son œuvre : il la dépeint toujours avec une sensualité révélatrice du plaisir qu'il éprouve à la mettre en scène. Elle est pour lui une énigme, un sphinx, difficile à comprendre et à satisfaire, un être doté de « qualités perverses ». Selon lui, la femme et l'homme sont trop différents, « trop étrangers d'âme et d'intelligence » pour s'entendre. Aussi, leur mésentente qui traverse son œuvre reflète-t-elle un réel pessimisme quant à la nature humaine. Tous les rapports humains étant voués à l'échec, autant rechercher des satisfactions dans l'imaginaire, ce qui conduit le héros de *La Chevelure* à l'aliénation. Le bonheur existe-t-il ou exige-t-il la dépossession de soi ? L'étude des nouvelles permettra de voir si elles illustrent les thèmes chers à Maupassant et expriment sa vision du monde.

– LA GUERRE

En juillet 1870, à la déclaration de la guerre entre la France et la Prusse, Maupassant, étudiant en droit à Paris, est mobilisé à Vincennes : il n'a pas encore vingt ans, sa vie d'homme commence. Affecté après avoir passé des examens à la 2ᵉ division de l'Intendance du Havre, en garnison à Rouen, il est versé aux écritures et a assisté à l'affreuse déroute de l'armée française. Témoin oculaire, il l'évoque dans l'ouverture de *Boule de suif* :

> Pendant plusieurs jours de suite des lambeaux d'armée en déroute avaient traversé la ville. Ce n'était point de la troupe, mais des hordes débandées. Les hommes avaient la barbe longue et sale, des uniformes en guenilles, et ils avançaient d'une allure molle, sans drapeau, sans régiment. Tous semblaient accablés, éreintés, incapables d'une pensée ou d'une résolution, marchant seulement par habitude, et tombant de fatigue sitôt qu'ils s'arrêtaient. On voyait surtout des mobilisés, gens pacifiques, rentiers tranquilles, pliant sous le poids du fusil ; des petits moblots alertes, faciles à l'épouvante et prompts à l'enthousiasme, prêts à l'attaque comme à la fuite ; puis, au milieu d'eux, quelques culottes rouges, débris d'une division moulue dans une grande bataille ; des artilleurs sombres alignés avec ces fantassins divers ; et, parfois, le casque brillant d'un dragon au pied pesant qui suivait avec peine la marche plus légère des lignards. (p. 23)

Dans cette situation désastreuse, face à une armée suréquipée et aguerrie, les soldats français sans arme, ni formation, étaient incapables de repousser l'ennemi. Quand après la chute de Sedan, Maupassant participe aux opérations de résistance en Normandie, il doit la vie à sa robustesse et à ses qualités sportives :

> Je me suis sauvé avec notre armée en déroute ; j'ai failli être pris. J'ai passé de l'avant-garde à l'arrière-garde pour porter un ordre de l'intendant au général. J'ai fait quinze lieues à pied. Après avoir marché et couru toute la nuit précédente pour des ordres, j'ai couché sur la pierre dans une cave glaciale. (A. Lanoux, *Maupassant le Bel-Ami*, Fayard, p. 65)

Pour les Français, cette guerre déclarée dans l'enthousiasme général, devait être brève, victorieuse, servir à réduire la Prusse et à rétablir l'équilibre en Europe :

> Peut-être aussi la Prusse va-t-elle recevoir une forte raclée, qui entrait dans les desseins de la Providence pour rétablir l'équilibre européen ? Ce pays-là tendait à s'hypertrophier, comme la France l'a fait sous Louis XV et Napoléon. (Lettre de Flaubert à George Sand, 3 août 1870, citée par Louis Forestier)

Il n'en a rien été et malgré les tentatives de résistance au nord, à l'est, et à Paris, la défaite inéluctable a des conséquences matérielles et morales désastreuses : dettes de guerre, perte de l'Alsace et de la Lorraine, accablement général dû à un effondrement spectaculaire et inattendu. **Bien qu'écrits une dizaine d'années après la guerre, les récits de Maupassant relèvent du témoignage vécu :**

> De Paris affolé, affamé, désespéré, les premiers trains sortaient, allant aux frontières nouvelles, traversant avec lenteur les campagnes et les villages. Les premiers voyageurs regardaient par les portières les plaines ruinées et les hameaux incendiés. Devant les portes des maisons restées debout, des soldats prussiens, coiffés du casque noir à la pointe de cuivre, fumaient leur pipe, à cheval sur des chaises. D'autres travaillaient ou causaient comme s'ils eussent fait partie des familles. Quand on passait les villes, on voyait des régiments entiers manœuvrant sur place, et, malgré le bruit des roues, les commandements rauques arrivaient par instants. (*Un duel*, p. 84)

À Paris comme en province, les vaincus ploient sous le joug de vainqueurs arrogants, exigeants, inhumains :

> La guerre était finie : les Allemands occupaient la France ; le pays palpitait comme un lutteur vaincu tombé sous le genou du vainqueur. (*Un duel*, p. 84)

Après l'invasion, l'occupation tel un cataclysme s'était abattue sur le pays qu'une multitude de soldats envahit « comme les sauterelles d'Afrique », **l'accablement était général :**

> Le tremblement de terre écrasant sous les maisons croulantes un peuple entier ; le fleuve débordé qui roule les paysans noyés avec les cadavres des bœufs et les poutres arrachées aux toits, ou l'armée glorieuse massacrant ceux qui se défendent, emmenant les autres prisonniers, pillant au nom du Sabre et remerciant un Dieu au son du canon, sont autant de fléaux effrayants qui déconcertent toute croyance à la justice éternelle, toute la

confiance qu'on nous enseigne en la protection du ciel et la raison de l'homme. (p. 25)

Les militaires français avaient disparu et étaient remplacés par « des légions de francs-tireurs aux appellations héroïques » : **les Vengeurs de la Défaite, les Citoyens de la Tombe, les Partageurs de la Mort, (« passaient à leur tour, avec des airs de bandits »**) ou par la garde nationale qui, sédentaire, recrutant ses effectifs parmi les hommes en âge d'être mobilisés brillait par son inefficacité :

> La Garde nationale qui, depuis deux mois, faisait des reconnaissances très prudentes dans les bois voisins, fusillant parfois ses propres sentinelles, et se préparant au combat quand un petit lapin remuait sous des broussailles, était rentrée dans ses foyers. Ses armes, ses uniformes, tout son attirail meurtrier dont elle épouvantait naguère les bornes des routes nationales à trois lieues à la ronde avaient subitement disparu. (p. 24)

Ce manque de combativité justifie les reproches de Boule de suif et d'Irma aux soldats et aux hommes car Rouen est tombée sans combat malgré un siège longuement préparé :

> Avec ça que vous leur avez fait mal aux Prussiens ! ça serait-il arrivé si vous les aviez empêchés de venir à Rouen, dis ? C'est vous qui deviez les arrêter, entends-tu ? (*Le Lit 29*, p. 201)

La population frappée d'épouvante tentait de s'organiser pour sauver ce qui pouvait l'être, garder des structures politiques et sociales, conserver les biens, préserver son intégrité afin de pouvoir le moment venu reconstruire le pays. Comme les choses avaient changé, un ordre nouveau s'était établi. Aussi, avait-elle adopté **tantôt une attitude de passivité face à un ennemi triomphant** dont elle redoutait la cruauté et/ou dont l'aide pourrait parfois être nécessaire :

> [...] puis on pouvait, un jour ou l'autre, avoir besoin de sa protection. En le ménageant on obtiendrait peut-être quelques hommes de moins à nourrir. Et pourquoi blesser quelqu'un dont on dépendait tout à fait ? (p. 26)

tantôt une attitude de résistance et se vengeait de l'ennemi comme elle le pouvait :

> [...] les mariniers et les pêcheurs ramenaient souvent du fond de l'eau quelque cadavre d'Allemand gonflé dans son uniforme, tué d'un coup de couteau ou de savate, la tête écrasée par une pierre, ou jeté à l'eau d'une poussée du haut d'un pont. Les vases du fleuve ensevelissaient ces vengeances obscures, sauvages et

légitimes, héroïsmes inconnus, attaques muettes, plus périlleuses que les batailles au grand jour et sans le retentissement de la gloire. (p. 27)

tantôt, d'autres préféraient la fuite vers des villes plus calmes ou vers l'étranger comme les personnages de *Boule de suif* et la famille de M. Dubuis (*Un duel*). Parmi eux, certains prônent par facilité un « accommodement » avec l'officier prussien, ce sont les notables, nobles et bourgeois, les autres refusent toute compromission, toute collaboration avec l'ennemi comme Boule de suif et à un degré moindre Cornudet. Mais la lutte s'avère inégale : d'un côté, la puissance militaire et le droit du vainqueur, de l'autre les ruses, les maladresses, le désir de vengeance, l'amour de la patrie « devoir sacré » selon Cornudet. **De national le conflit devient individuel** : ce n'est plus la lutte de la France contre la Prusse mais celle de Boule de suif, M. Dubuis, Irma contre un officier prussien. **Ce passage du collectif à l'individuel revêt un caractère symbolique quand le pays est écrasé, le combat prend une autre forme parce que des individus se lèvent pour résister.** Par la force des choses, l'amour de la patrie domine toutes les autres valeurs surtout chez les petites gens simples. Par patriotisme, Boule de suif refuse les avances de Cornudet et de l'officier prussien et ne cède que sous la pression des aristocrates et des bourgeois qui la trahissent. D'ailleurs, les termes employés lors de la conspiration pour la faire céder appartiennent, comme le discours des protagonistes, au champ argumentatif*, de la guerre notamment : « blocus, [...] forteresse investie [...] du rôle [de chacun], [...] des manœuvres qu'il devrait exécuter. [...] On régla le plan des attaques, les ruses à employer, [...] l'assaut, pour forcer la citadelle vivante à recevoir l'ennemi dans la place. » (p. 56)

Malheureusement, les actions entreprises pour résister à l'ennemi s'avèrent souvent inutiles : **Boule de suif doit céder, Irma violée, prise de force par les Prussiens, meurt, seul M. Dubuis devient un héros malgré lui** : en état de légitime défense, il tue par hasard l'officier prussien qui le menaçait car il ne s'est jamais servi d'un pistolet. Aussi, les gestes individuels de courage ont-ils quelque chose de dérisoire comme la mort inutile de ces jeunes soldats des deux camps français et prussiens enterrés en même temps en uniforme dans une fosse commune (*La Moustache*). Enfin, dans ces nouvelles de guerre dont l'action se situe pendant l'hiver deux couleurs dominent : le blanc de la neige qu'on peut rapprocher de celui du linceul et le noir des nuages, des paysages, de la nuit, des ténèbres, **noir et blanc, les couleurs du deuil.**

Certes, en évoquant la guerre dans ses premiers contes, Maupassant sait de quoi il parle, affirme son patriotisme mais surtout met en garde contre l'esprit de revanche, le désir de reconquête des provinces perdues et celui de nouvelles conquêtes. **Pour lui, la guerre est haïssable quels que soient les motifs qui pourraient la justifier** :

> Quand j'entends prononcer ce mot : la guerre, il me vient un effarement comme si on me parlait de sorcellerie, d'inquisition, d'une chose lointaine, finie, abominable, monstrueuse, contre nature [...] La guerre ! ... se battre ! ... tuer ... massacrer des hommes ! ... [...] Ah ! proclamons ces vérités absolues, déshonorons la guerre ! (« La guerre », *Gil Blas,* 11 décembre 1883, in *Chroniques,* tome II, « 10/18 », p. 292)

– L'ARGENT

Le thème de l'argent occupe une place importante dans plus de la moitié des nouvelles du recueil parce que dans les périodes difficiles de la guerre et de l'après-guerre, il reste une préoccupation essentielle. **Comme l'argent mène à tout, il constitue le moteur d'une société qui, anéantie par la défaite, cherche à thésauriser* pour se protéger.** Héritier, le comte de Bréville a su préserver la fortune familiale par opposition à Cornudet qui l'a gaspillée avec ses amis républicains dans les cafés. Avisé comme lui, M. Carré-Lamadon, « homme considérable », enrichi par l'exploitation de trois filatures « avait eu soin d'envoyer six cent mille francs en Angleterre, une poire pour la soif qu'il se ménageait en toute occasion » (p. 33). **Enfin, le couple Loiseau illustre de façon exemplaire ce souci d'amasser l'argent pour le garder sans le faire circuler, ni l'investir.** Alors que tous les voyageurs s'inquiètent de leur avenir immédiat soumis au bon vouloir d'un officier prussien cruel et de Boule de suif, Loiseau se démène à l'auberge et à Tôtes afin de vendre sa piquette. Et s'il se rend au Havre au cours d'un voyage hasardeux c'est qu'« il s'était arrangé pour vendre à l'Intendance française tous les vins communs qui lui restaient en cave, de sorte que l'État lui devait une somme formidable qu'il comptait bien toucher au Havre » (p. 33). Parcimonieux, il est pourtant capable de largesse puisqu'il offre le champagne à ses compagnons pour fêter la reddition de *Boule de suif* au grand dam de son épouse, vrai « gendarme », avare invétérée qui « eut une angoisse lorsque le patron revint avec quatre bouteilles aux mains » (p. 60). D'ailleurs, si d'extraction très populaire, il traite d'égal à égal avec le comte de Bréville et M. Carré-Lamadon, un siècle il est vrai après la Révolution de 1789 qui les aurait farouchement opposés, il le doit à sa richesse. **L'argent crée entre eux un lien puissant, quasi-familial** :

> Bien que de conditions différentes, ils se sentaient frères par l'argent, de la grande franc-maçonnerie de ceux qui possèdent, qui font sonner de l'or en mettant la main dans la poche de leur culotte. (p. 33-34)

Normand de naissance, Maupassant connaissait ses compatriotes normands en particulier les notables très lâches et très avares malgré leur richesse et avait relevé leur souffrance et leur répugnance à acquitter le tribut de guerre, tribut bien plus difficile à supporter que la guerre elle-même :

> Les vainqueurs exigeaient de l'argent, beaucoup d'argent. Les habitants payaient toujours ; ils étaient riches d'ailleurs. Mais plus un négociant normand devient opulent et plus il souffre de tout sacrifice, de toute parcelle de sa fortune qu'il voit passer aux mains d'un autre. (p. 26-27)

Aussi, comprend-on la frayeur des voyageurs de la diligence, tous normands, à l'idée d'être rançonnés par l'officier prussien :

> […] ou, plutôt, leur demander une rançon considérable ? À cette pensée une panique les affola. Les plus riches étaient les plus épouvantés, se voyant déjà contraints, pour racheter leur vie, de verser des sacs pleins d'or entre les mains de ce soldat insolent. Ils se creusaient la cervelle pour découvrir des mensonges acceptables, dissimuler leurs richesses, se faire passer pour pauvres, très pauvres. Loiseau enleva sa chaîne de montre et la cacha dans sa poche. (p. 50)

Cette avarice se retrouve dans *Coco* où Zidore, par ladrerie et sadisme, rogne sur la nourriture du cheval qu'il juge inutile parce qu'incapable de travailler :

> Du moment qu'elle, la bête, ne travaillait plus, il lui semblait injuste de la nourrir, il lui semblait révoltant de gaspiller de l'avoine, de l'avoine qui coûtait si cher pour ce bidet paralysé. Et souvent même, malgré les ordres du maître Lucas, il économisait sur la nourriture du cheval, ne lui versant qu'une demi-mesure, ménageant la litière et son foin. (*Coco*, p. 138)

Plus tard, sans le moindre remords, par cruauté, il laissera le cheval mourir de faim alors même que l'herbe de la côte ne coûte rien et que l'argent dépensé pour le nourrir n'est pas le sien.

Cette obsession de l'épargne et de l'argent se manifeste d'une part dans *Première neige* où l'héroïne meurt parce que son mari lui refuse le calorifère nécessaire pour chauffer leur vieux château normand glacial en hiver ; d'autre part dans *L'Aveu* où Céleste Malivoire devient grosse pour « huit francs » correspondant au prix de son voyage pour aller au bourg et, de surcroît, doit sur les conseils de sa mère désireuse d'augmenter leurs économies, garder secrète sa grossesse : « Et pis n'li dis rien tant qu'i verra point ; que j'y gagnions ben six ou huit mois ! [...] Pour sûr que j'y dirai point. » (*L'Aveu*, p. 209)

Si de tels comportements semblent difficiles à concevoir, on comprend mieux celui de M. Lerebour qui dans *La Serre*, « soulevé par une formidable colère de propriétaire » éprouve le désir légitime de défendre son bien « une jolie campagne qu'ils [lui et Mme Lerebour] avaient créée après fortune faite en vendant des rouenneries » (*La Serre*, p. 72). Pourtant, contrairement à d'autres personnages il sait se montrer généreux envers sa bonne qui, involontairement lui a fait retrouver le bonheur conjugal, en augmentant ses gages. En revanche, **la prodigalité injustifiée est punie** : dans *Une soirée*, pour briller à Paris, Me Saval, riche notaire à Vernon, se montre inutilement prodigue en payant les repas et les consommations du peintre Romantin et de ses amis bohèmes : ces derniers au lieu de lui en être reconnaissants le ridiculisent avant de le dépouiller de ses vêtements et de son argent.

Par ailleurs, comme souvent au XIXe siècle, **l'argent se trouve être à l'origine de mariages malheureux, mal assortis, organisés par des familles animées seulement de sordides raisons financières.** Mathilde Duval « prit Souris pour son argent » (*Le Vengeur*, p. 114). De même, l'héroïne de *L'Attente*, à l'instigation de sa famille épouse :

> [...] un homme fort riche. Je l'épousai par ignorance, par crainte, par obéissance, par nonchalance, comme épousent les jeunes filles, [or] avant mon mariage, j'avais aimé un jeune homme dont ma famille repoussa la demande parce qu'il n'était pas assez riche. (*L'Attente*, p. 121)

Celle de *Première neige* se trouve accouplée :

> [...] pour des raisons de fortune qu'elle ne connut point. Elle
> aurait volontiers dit « non ». Elle fit « oui » d'un mouvement de
> tête pour ne point contrarier père et mère. (*Première neige*,
> p. 129)

Comment s'étonner alors que de tels mariages soient voués à l'échec ? Mais, **l'appât du gain pousse aussi les hommes à choisir une épouse fortunée** : Simon Lebrument, jeune notaire, joue si bien l'homme amoureux qu'il réussit à épouser « Mlle Jeanne Cordier [qui] avait trois cent mille francs liquides, en billets de banque et en titres au porteur », ce qui mit « tout Boutigny sens dessus dessous » (*La Dot*, p. 210). Huit jours après, il l'abandonne en emportant sa dot.

Anonyme, **l'argent comme le dit le proverbe est le nerf de la guerre**, son pouvoir est tel que peu de gens y résistent : il permet à l'Ami Patience, tenancier d'un hôtel-maison close d'être considéré dans sa ville car il est « dans les affaires, [gagne] beaucoup [d'argent], je suis très riche » (*L'Ami Patience*, p. 93). Dès lors, ne faut-il pas s'étonner de voir l'argent fausser toutes les relations humaines, ouvrir toutes les portes, mener le monde où il triomphe. **On se marie pour de l'argent, on ruine sa vie pour de l'argent, on devient grosse pour de l'argent, on meurt pour de l'argent, le prix d'un calorifère ou celui de la nourriture d'un vieux cheval.**

Pour avoir peur d'en manquer, Maupassant entretenait des rapports ambigus avec l'argent dont il connaissait la valeur. Aussi, certains contes du recueil laissent-ils pressentir **le règne de l'argent, le temps de « l'Argent-Roi »** qui favorisera quelques années plus tard la prodigieuse ascension vers la réussite de l'arriviste Duroy-Bel Ami, guidé par son goût immodéré des femmes et de l'argent.

– LA PROSTITUÉE

Fasciné par les prostituées, Maupassant à l'instar de ses amis écrivains, Zola dans *Nana*, Goncourt, *La Fille Élisa*, Alexis, *La Fin de Lucie Pellegrin*, Huysmans, *Marthe, histoire d'une fille*, en fait les héroïnes de quelques contes montrant ainsi **le souci du naturalisme* de « tout voir et tout peindre » de ce qui constitue la société contemporaine.** La place primordiale qu'il leur accorde dans son œuvre, tient sans doute à leur beauté, leur marginalité, leur mystère, la séduction qu'elles exercent sur les hommes car de tous temps, leur sensualité a retenu l'intérêt des représentants du sexe fort. Doté d'une forte sensualité, **Maupassant qui « aime la chair des femmes du même amour [qu'il] aime l'herbe, les rivières, la mer » s'est complu à peindre différents types de prostituées, impressionné par leur extraordinaire diversité.** Si **l'hétaïre*** a peu de place dans ses contes, toutes les autres catégories de filles y sont représentées de la fille entretenue à la fille de brasserie. Au sommet de la hiérarchie, installée dans ses meubles, jouissant d'une aisance appréciable, **la fille entretenue** a un amant en titre qui subvient à ses besoins et la fait vivre confortablement. Elle a les traits de la belle Irma dans *Le Lit 29* qui étant « la maîtresse, disait-on, de M. Templier-Papon, le riche manufacturier » ne manque pas de moyens. À un niveau juste inférieur, se trouve **la prostituée** pourvue d'un amant en titre, souvent amant de cœur, qui reçoit en outre chez elle des clients qui la paient. C'est le cas de Boule de suif, « appétissante et courue », nantie d'un amant officier de garnison au Havre qui vit dans une relative abondance : « J'avais ma maison pleine de provisions, et j'aimais mieux nourrir quelques soldats que m'expatrier je ne sais où. » (p. 38) Moins libres, mais bénéficiant en province d'une certaine considération, les **« filles de maison »** accueillent dans les demeures au décor licencieux où elles sont pensionnaires des bourgeois voire des notables soucieux essentiellement de discrétion et de confort comme dans *L'Ami Patience*. Au bas de l'échelle se trouvent **la fille de brasserie**, entraîneuse vouée à de multiples partenaires imposés par le patron ou les circonstances ainsi que **la fille en carte et la racoleuse de trottoir** œuvrant en appartement : toutes finissent le plus souvent dans la déchéance et le plus complet dénuement. Absentes de notre recueil, les filles de cette dernière catégorie intéressent assez Maupassant pour qu'il les représente ailleurs dans son œuvre tout comme **la prostituée occasionnelle** des *Tombales* qui agit en franc-tireur à la recherche d'amants de hasard susceptibles de la prendre en charge le cas échéant.

Si Maupassant reproduit quelquefois à leur sujet les stéréotypes en cours à son époque, il cherche également à comprendre le mécanisme qui conduit ces femmes à la prostitution et à l'abjection. Ainsi, elles sont tantôt **exclues de la « société bien pensante »** comme Boule de suif ; tantôt **tenues à distance comme un mal nécessaire** comme Irma ; tantôt **acceptées par la communauté sociale** notamment en province et à la campagne où la prostitution n'est pas affectée du « préjugé du déshonneur » comme dans *L'Ami Patience*. Aussi, réagit-il devant ce qu'il considère d'abord comme un problème moral et social, en réfutant les préjugés dont elles sont les victimes. **Figures de la transgression parce qu'elle révèlent l'animalité de l'homme et la recherche du plaisir comme but exclusif de la sexualité, elles transgressent les lois d'une société destinée à se reproduire.** Dès lors, on leur attribue maintes tares inhérentes au plus vieux métier du monde. Or, la prostituée autonome considère son métier comme un travail ordinaire et, en dehors de son exercice entend agir librement, n'ayant cure des reproches, ni des défauts qu'on lui impute. Jeune, belle, désirable, séduisante, elle sait aussi faire preuve de courage, de générosité, de décence et de probité. Boule de suif manifeste toutes ces qualités lorsque folle de colère, elle a « sauté à la gorge du premier [Prussien venu pour se loger chez moi]. [...] Et je l'aurais terminé, celui-là, si l'on ne m'avait pas tirée par les cheveux. » (p. 39) ; puis lorsqu'elle nourrit tous ses compagnons de voyage, se démunissant pour eux des provisions prévues pour ce long voyage ; enfin, lorsqu'elle repousse les avances de Cornudet parce que les soldats ennemis occupent l'auberge de Tôtes tout comme elle refuse l'idée même de céder à l'officier prussien. Mme Loiseau a beau répéter ce que les autres pensent et disent tout bas :

> Puisque c'est son métier, à cette gueuse, de faire ça avec tous les hommes, je trouve qu'elle n'a pas le droit de refuser l'un plutôt que l'autre. Je vous demande un peu, ça a pris tout ce qu'elle a trouvé dans Rouen, même des cochers ! oui, madame, le cocher de la préfecture ! Je le sais bien, moi, il achète son vin à la maison. (p. 54)

Boule de suif sait d'instinct ce qui se fait ou ne se fait pas selon son sens moral personnel. Certes, elle couche moyennant finances avec de nombreux clients parce qu'elle est « pleine de qualités inappréciables », mais elle refuse de coucher avec n'importe qui, n'importe quand, n'importe où. Elle/Élisabeth Rousset se dérobe à une obligation explicite de sa profession **pour s'affirmer en tant que patriote française et citoyenne libre**, ce que ses compagnons de voyage, hormis Cornudet peut-être, considèrent comme une transgression et un outrage à la nation et à la religion qu'ils sont censés représenter. Or, **libre de son corps, Boule de suif ressent la demande de l'officier ennemi comme une offense, une atteinte à son honneur de patriote et à sa liberté de femme.** D'ailleurs, ses compagnons de voyage exploitent les qualités qu'ils ont devinées en elle pour l'inciter, exemples héroïques, moraux et religieux à l'appui, à s'abandonner à l'ennemi. Après l'avoir tant méprisée pour sa prostitution, ils l'exhortent à présent à se prostituer à nouveau : pourquoi la prostitution serait-elle tantôt blâmable, tantôt méritoire ? Maupassant soulève cette ambiguïté pour condamner en bloc le clan des gens « honnêtes » et assimiler à un viol la tentative du prussien qui la prend de force aidé en cela par eux. Certes, Boule de suif lui cède sans violence physique puisqu'elle se rend d'elle-même auprès de lui mais ressent cet acte comme une souillure. Il n'en reste pas moins qu'**elle a cédé à la suite d'un viol de son intégrité psychologique et morale par ses protagonistes.** Elle vaut mieux qu'eux qui la rejettent après avoir profité sans vergogne de sa naïveté, de sa confiance, de sa faiblesse : ses larmes les accusent et témoignent d'une tardive lucidité retrouvée.

Prostituée, victime, comme elle, sur son lit de mort, Irma dans *Le Lit 29*, n'hésite pas à signifier à son ancien amant son mépris et à rétablir la vérité quant à son comportement avec les Prussiens. **Violée, contaminée par la vérole, elle se comporte néanmoins en patriote en refusant de se soigner et en vengeant son pays se venge du même coup** : condamnée, elle a contaminé des soldats ennemis qui, à leur tour, mourront de la même maladie :

> Qu'est-ce qui est honteux, de m'être fait mourir pour les exterminer, dis ? [...] Tu n'en aurais pas fait autant, toi, avec ta croix d'honneur ! Je l'ai plus méritée que toi, vois-tu, plus que toi, et j'en ai tué plus que toi, des Prussiens ! [...] Je te dis que je leur ai fait plus de mal que toi, moi, et que j'en ai tué plus que tout ton régiment réuni... va donc... capon ! (*Le Lit 29*, p. 201)

Si Boule de suif et Irma sont forcées de subir les avances des prussiens, Mme Carré-Lamadon qui est « la consolation des officiers de bonne famille envoyés en garnison à Rouen » apprécie « en connaisseur » l'officier prussien et « semblait même penser qu'à sa place elle refuserait celui-là moins qu'un autre [...] » ; « [ses yeux] brillaient, et elle était un peu pâle, comme si elle se sentait déjà prise de force par l'officier » (p. 54-55). Aussi, « le regard de vertu outragée » qu'elle lance à Boule de suif au départ de la diligence ne cache-t-il pas sa jalousie à l'égard de celle dont elle a envié la place dans les bras du prussien puisqu'elle a « ri jaune toute la soirée » (p. 62). Dès lors, on est en droit de s'interroger sur la différence qui existe entre Mme Carré-Lamadon, Boule de suif et Irma. Maupassant n'en voit aucune car à son avis « Du haut en bas de l'échelle sociale elle [la femme] reste la même [...]. Chez les femmes, il n'est point de classe » (Maupassant, « Chronique », in *Chroniques*, tome II, p. 97), seulement il y a des prostituées dignes de respect et des femmes du monde méprisable car amorales.

– LA SOLITUDE

Pour échapper à la médiocrité de son travail au ministère Maupassant recherchait la solitude, d'abord en canotant sur la Seine, puis en s'échappant sur son yacht pour de longues croisières, enfin en s'évadant dans sa villa La Guillette à Étretat pour soigner les atroces migraines dues à sa maladie et surtout se ressourcer. **Au fil des contes, il a souvent abordé le thème de la solitude sous diverses formes au gré des personnages et des aventures.** Ainsi, à la lecture de *Boule de suif*, **on est frappé par la solitude intérieure de l'héroïne** qui, entourée de ses compagnons de voyage se sent seule : d'une part, personne ne s'adresse directement à elle ; d'autre part, tous prennent le parti de l'ignorer : « Les femmes parlaient à peine à Boule de suif. » (p. 54) Consciente de ce fait, elle écoute les conversations sans y participer « Boule de suif ne disait rien » (p. 57). En outre, au cours de l'aparté où le comte de Bréville la questionne, elle ne lui répond pas. « Boule de suif ne répondit rien. [...] Boule de suif ne répondit pas et rejoignit la société. » (p. 59-60). Plus tard, la reprise du voyage dans la diligence conduit ses compagnons à tenter de l'isoler physiquement : « Puis on se précipita dans la voiture où elle arriva seule » (p. 63). Cette tentative d'isolement se poursuit au cours du voyage notamment au moment du repas dont elle est exclue. Désormais chacun des voyageurs se retrouve dans une solitude imprévue : les conversations cessent, Boule de suif sanglote, plus personne ne parle car toute communication est devenue impossible. Dans les ténèbres, la diligence avance, le silence règne troublé par La Marseillaise que sifflote Cornudet.

À la solitude intérieure de Boule de suif s'opposent la solitude ostentatoire de Cornudet qui « cependant restait à l'écart, complètement étranger à cette affaire » (p. 56) et la solitude exaltée des religieuses : « Les deux bonnes sœurs ne semblaient point entendre, perdues en des pensées profondes [...] » (p. 57) Complices plus ou moins conscientes des autres voyageurs, leur comportement vise à atténuer sinon à nier leur part de responsabilité dans le sacrifice de la jeune femme. **La guerre loin de rapprocher ces personnages les réunit certes dans la diligence et à l'auberge mais pour mieux souligner la solitude de chacun d'eux.**

Comme Boule de suif, plusieurs personnages du recueil souffrent de solitude intérieure. Certains sont victimes de la cruauté d'autrui comme Mathilde Souris après son remariage avec Antoine Leuillet (*Le Vengeur*) ; M. Dubuis (*Un duel*) ; Coco bien qu'il s'agisse d'un animal, souffre-douleur de Zidore (*Coco*). **D'autres sont rongés par une obsession ou un secret inavouable** tels Me Saval (*Une soirée*), A. Leuillet (*Le Vengeur*), Me Jean Marin (*Le Protecteur*), Mme Loisel (*La Parure*), Céleste Malivoire (*L'Aveu*), les héros d'*Une chevelure, Première neige, L'Attente*. **D'autres ne peuvent partager leur souffrance, ni épancher leur cœur** (Boule de suif, Mme Loisel, l'héroïne de *L'Attente*, Irma).

Dans ce recueil, des contes témoignent de la solitude physique de personnages : certains sont isolés de leur famille pour se soigner (*Auprès d'un mort, Première neige*) ; d'autres ont perdu la leur et se trouvent seuls comme la veuve Saverini dans *Une vendetta* : « Elles restèrent là, toutes les deux, la femme et la bête, jusqu'au matin. » (p. 109) Comme personne ne peut venger son fils, à cette solitude physique s'ajoute la solitude intérieure : « Il n'avait laissé ni frère ni proches cousins. Aucun homme n'était là pour poursuivre la vendetta. Seule, la mère y pensait, la vieille. » (p. 110) De même, dans *Première neige*, l'héroïne passe de la solitude exaltée et heureuse au début de son mariage lorsqu'elle organise sa vie en Normandie à la solitude physique lorsque son époux se distrait sans elle : « Elle restait seule alors, sans s'attrister d'ailleurs de l'absence d'Henry » (p. 129), puis lorsqu'elle se soigne à Cannes ; enfin à la solitude intérieure qui la pousse à tomber malade et à mourir. Après le décès de ses parents, elle apprend qu'elle n'aura jamais d'enfants et surtout comprend qu'elle mènera jusqu'à sa mort la même existence monotone qui lui fait horreur : « J'ai… je… je suis un peu triste… je m'ennuie un peu… […] Et puis… j'ai… j'ai un peu froid. » (p. 133-34)

Dans d'autres contes, **quelques personnages ressentent en même temps la solitude physique et la solitude intérieure**. Isolée à l'hôpital dans le service des « Syphilitiques » à cause de la contagion de sa maladie, Irma ne reçoit pas de visites et surtout souffre du rejet que son mal « honteux » occasionne. À la veille de sa mort elle se libère, s'explique sur l'origine de son mal et témoigne ainsi de son patriotisme (*Le Lit 29*). Dans des conditions moins dramatiques, Jeanne Lebrument éprouve à la fois la solitude physique et la solitude intérieure, lorsque, victime d'un époux escroc, elle comprend sa situation :

— Eh bien, ma chère cousine, votre mari, à l'heure qu'il est, doit filer sur la Belgique. [...] — Je dis qu'il a raflé votre... votre capital... et voilà tout. [...] Puis, défaillant d'émotion, elle tomba sur le gilet de son cousin, en sanglotant. (*La Dot*, p. 216)

Observateur sensible et lucide de ses contemporains, Maupassant a voulu à travers les contes de ce recueil **sensibiliser le lecteur à la difficulté de vivre dans une société où la solitude mure les êtres, empêche toute communication et conduit au désespoir.**

B. SENS ET PORTÉE DE L'ŒUVRE

– LE RENVERSEMENT DES VALEURS

Dans les contes de ce recueil, Maupassant incite le lecteur à s'interroger sur l'évolution de la société, les rapports humains et sur les pulsions instinctives à l'origine des conduites d'une humanité dont les forfaits loin d'être des actes isolés trouvent dans la collectivité des complices féroces ou obligeants. **L'indifférence, l'égoïsme, la cruauté, la vengeance, l'appât du gain, la satisfaction de desseins personnels, la folie guident les actions humaines et à tout instant, la cruauté cachée au fond de chaque être cherche à se donner libre cours.**

Dans *Boule de suif*, les notables situés en haut de la hiérarchie sociale et dont on s'attendrait qu'ils défendent la morale la bafouent en livrant Boule de suif en pâture à un officier ennemi, sans souci des risques encourus, du sacrifice consenti, de son honneur ni du leur, mais d'ailleurs en ont-ils ? **Leur geste ignoble qui transgresse les valeurs morales, religieuses et sociales, détourne ces valeurs au profit de leur seul intérêt.** En revanche, Boule de suif que son métier amène à transgresser les lois de la morale, de la religion et situe au bas de l'échelle sociale, fait seule preuve de morale, patriotisme, générosité et dévouement. Enfin, au lieu d'être reconnue et remerciée pour son sacrifice, elle se trouve exclue du groupe par ceux-mêmes qui l'ont sacrifiée. Comme elle, Irma, violée, contaminée, abandonnée, meurt dans l'ignominie du service des « Syphilitiques » pour avoir voulu être patriote et honnête en amour (*Le lit 29*).

Dans une société où un homme est un loup pour l'homme on assiste à la multiplication des comportements aberrants et subversifs. *L'Ami Patience* a prostitué son épouse et sa belle-sœur pour commencer sa carrière de proxénète et réussir. C'est pourquoi **l'intention satirique de Maupassant dépouille les comportements de l'hypocrisie qui les**

masque : chargé de nourrir un vieux cheval malade, un adolescent le fait mourir de faim (*Coco*) ; pour couvrir une sottise dictée par son orgueil, un conseiller d'État charge le curé qu'il a recommandé et qui ne lui demandait rien (*Le Protecteur*) ; en se vouant à l'amour des choses du passé, un homme devient fou (*La Chevelure*) ; pour une parure fausse crue vraie, Mme Loisel ruine sa vie (*La Parure*) ; en simulant l'amour, un notaire escroque sa jeune épouse et l'abandonne (*La Dot*) ; on dépossède de son identité et on détrousse un homme qu'on a invité (*Une soirée*) ; un homme veut bourrer sa pipe avec la moustache d'un autre homme (*Un duel*).

Nul amour, nulle bonté, nulle sensibilité dans les relations humaines, tout est faussé : le bien et le mal sont devenus des notions relatives que chacun évalue à sa façon. Les valeurs traditionnelles sont tournées en dérision et l'éthique n'a plus cours dans une société sans repères, respect, ni espoir.

– UNE VISION PESSIMISTE DU MONDE

Véritable « mal du siècle » le pessimisme marque la littérature du XIXe siècle des romantiques aux décadents et prend différents aspects selon les écrivains et les périodes. Attiré par la philosophie désespérée d'Arthur Schopenhauer (1788-1860), « le plus grand saccageur de rêves qui ait passé sur terre […] [et] marqué l'humanité de son dédain et de son désenchantement » (*Auprès d'un mort*, p. 63), Maupassant, désireux de fonder son art sur l'observation minutieuse des êtres et des choses **exprime une vision personnelle du monde fondée sur la double influence de ce penseur allemand et de Flaubert.** D'une sensibilité exacerbée, **Maupassant est frappé par l'inutilité de la vie, le sentiment dramatique du néant, de la décomposition des êtres et des choses, de la fuite du temps** : *Boule de suif* s'ouvre sur « des lambeaux d'armée en déroute » et s'achève sur les pleurs de l'héroïne « dans les ténèbres ».

Cette angoisse inscrite en filigrane dans l'ensemble des contes du recueil fait la part belle **aux brutales pulsions instinctives** (*Un duel*, *Une vendetta*, *Le Vengeur*, *Coco*, *L'Aveu*) et traduit **la soumission de l'homme aux influences de la race, du milieu, du moment** (*Un duel*, *Une soirée*, *Une vendetta*, *Le Vengeur*, *Coco*, *L'Aveu*), **l'échec de l'existence** (*Première neige*, *La Parure*, *L'Attente*, *Le Lit 29*, *La Dot*), **le déni des idéaux moraux de la société** (*Boule de suif*, *Un duel*, *L'Ami Patience*, *Une soirée*, *L'Attente*, *Rose*, *Coco*, *Le Protecteur*, *Le Lit 29*, *L'Aveu*, *La Dot*). L'intuition obsédante du néant se conjugue avec l'œuvre destructrice du temps qui passe, l'inutilité des désirs et des regrets, la hantise de l'avenir **car « le présent m'effraye parce que l'avenir c'est la mort »** (*La Chevelure*, p. 176), l'obsession de la mort (*Première neige, La Moustache, La Chevelure, L'Attente, Le Lit 29*).

Au fil du temps, animés du désir de vivre, les hommes perpétuent la race humaine et reproduisent les mêmes actes, les mêmes erreurs, les mêmes souffrances. Dès lors, pourquoi déployer une telle énergie si le bonheur est impossible et la vie sans espérance. **Enfermés dans la solitude, écrasés par la fatalité, jouets du hasard, les héros de Maupassant se débattent dans un univers de malheur où se glisse partout la présence de la mort.** Ce sont les phtisiques à Cannes (*Auprès d'un mort, Première neige*), le souvenir des soldats tués au champ de bataille (*La Moustache, Le Lit 29*) et des victimes de la guerre (*Boule de suif*), deux femmes à l'article de la mort (*L'Attente, Le Lit 29*), un meurtre prémédité (*Une vendetta*), un meurtre dû au hasard (*Un duel*), le récit d'un viol suivi d'un assassinat (*Rose*), la vision d'un cheval battu, mort de faim près d'un pâturage (*Coco*), un acte d'amour pris pour une tentative d'assassinat (*Le Crime au père Boniface*).

À travers les thèmes obsédants qui reviennent tels des leitmotive, Maupassant se montre saisi de pitié devant la misère humaine : les classes dirigeantes sont corrompues, le clergé enfermé dans une pratique mécanique, incapable de transcendance, trahit sa mission, les classes moyennes et le peuple, ouvriers et paysans, souffrent. L'homme sans Dieu, livré à lui-même, saisi de vertige s'agite dans un univers féroce, plein de pièges. Alors, il se révolte contre le fléau de la guerre, la cruauté des hommes, la grisaille du quotidien, la médiocrité de la vie, l'aliénation mentale, la fatalité redoutable, l'échec irrémédiable de l'existence : Maupassant représente tout cela dans ce recueil où il fait évoluer des personnages dans un monde semblable au sien, vide, absurde, privé de sens.

L'ŒUVRE À L'EXAMEN

I. À L'ÉCRIT

1. Rappel des Instructions officielles

L'épreuve porte sur un programme national organisé autour d'œuvres ou de problématiques littéraires. Ce programme fait l'objet d'une publication au Bulletin Officiel de l'Éducation Nationale ; il est renouvelable chaque année.

L'épreuve consiste en une dissertation littéraire prenant appui sur une ou plusieurs des œuvres étudiées dans le cadre du programme. Le sujet porte sur une question que le candidat doit traiter grâce à une connaissance précise qu'il a des œuvres et, plus généralement, en faisant appel à bon escient à l'ensemble des connaissances qu'il a acquises (connaissances sur les genres et l'histoire littéraires, lectures complémentaires, rapprochements avec d'autres formes d'expression artistique …)

2. Sujets rédigés

Sujet n° 1 : dissertation littéraire

Guy de Maupassant, écrivain français du XIXᵉ siècle, écrit dans la préface de *Pierre et Jean* :

> « Le romancier qui transforme la vérité constante brutale et déplaisante pour en tirer une aventure exceptionnelle et séduisante, doit sans souci exagéré de la vraisemblance, manipuler les événements à son gré, les préparer et les arranger pour plaire au lecteur, l'émouvoir ou l'attendrir. »

Vous montrerez dans quelle mesure Guy de Maupassant applique ce programme esthétique dans sa nouvelle *Boule de suif*.

Dans la préface de *Pierre et Jean*, Maupassant écrit : « Le romancier qui transforme la vérité constante brutale et déplaisante pour en tirer une aventure exceptionnelle et séduisante, doit sans souci exagéré de la vraisemblance, manipuler les événements à son gré, les préparer et les arranger pour plaire au lecteur, l'émouvoir ou l'attendrir. »

Nous retrouvons la problématique du réel que Maupassant appelle « vérité » dans la citation. L'auteur qui a perçu les limites du genre réaliste expose ici une autre doctrine esthétique. Il suggère que le romancier dépasse la simple observation pour s'élever à une vision plus satisfaisante afin de restituer la vérité.

Maupassant réussit-il à échapper totalement à la simple observation réaliste ? Ne fait-il pas d'autres choix esthétiques ? Comment ces choix lui permettent-ils d'atteindre plus de vérité ?

Maupassant semble récuser le réalisme*, pourtant il satisfait dans *Boule de suif* aux critères de cette théorie littéraire. Dans cette nouvelle, il dénonce les tares de la société, la bassesse des instincts et se fonde sur la réalité qu'il transfigure pour démasquer la vérité de ses contemporains. Il s'appuie sur des faits réels qu'il transpose dans la fiction, respecte la réalité et observe certaines vérités car *Boule de suif*, fidèle à l'optique réaliste s'insère dans l'Histoire réelle et se passe dans un cadre géographique connu. Au fil du récit, il rappelle les circonstances historiques de l'aventure, de la défaite et l'atmosphère générale de la Normandie envahie par les prussiens. Témoin oculaire, il fournit des indications attestées par les historiens tandis que ses personnages évoquent des héros historiques, Du Guesclin, Jeanne d'Arc, Napoléon Ier et Napoléon III qui appartiennent tous au patrimoine de la France. Souvent, la fidélité historique se double d'une fidélité géographique indispensable également à la crédibilité d'un récit réaliste. Les villes citées, Rouen, Dieppe, Tôtes, Le Havre existent bien et auraient pu constituer les étapes d'un voyage en diligence à la fin du XIXe siècle. L'anecdote respecte la vérité culturelle en mentionnant des réalités de l'époque confirmées par des contemporains de Maupassant. Le pain « Régence » que Boule de suif mange délicatement dans la diligence est le nom d'un petit pain léger qu'on consommait quelquefois en Normandie avec le café. De même, l'habitude de désigner par le numéro « 100 » les portes des toilettes dans les hôtels et les auberges s'est poursuivie jusqu'à la fin du siècle tout comme le port du « madras », sorte de foulard noué sur la tête pour dormir, le « trente et un » pour une partie de cartes et le « lait de poule » comme boisson adoucissante destinée à calmer la toux de l'aubergiste. Déjà, Stendhal, Balzac, Flaubert avaient avant lui utilisé certains « petits faits vrais » pour rendre quelques vérités culturelles. Du reste, Maupassant tient compte de la réalité de son temps dans la description du microcosme social que représentent les voyageurs de la diligence et les autres personnages. Il respecte leur statut social et les définit selon leurs milieu, profession, statut et place dans la société, faisant de chacun un « échantillon » de sa classe sociale, « échantillon » étant le terme employé pour caractériser l'officier prussien insolent et cruel. L'appartenance sociale fonde en quelque sorte l'individualité de chacun pour en faire uniquement le représentant de sa classe sociale d'origine : l'aristocratie pour le comte de Bréville et cette même classe sociale comme référence pour son épouse qui, n'étant pas aristocrate de naissance, en a pourtant adopté les comportements : « fille d'un petit armateur de Nantes [...] la comtesse avait grand air, recevait comme personne, passait même pour avoir été aimée par un des fils de Louis-Philippe, toute la noblesse lui faisait fête, et son salon demeurait le premier du pays, le seul où se conservât la vieille galanterie, et dont l'entrée fut difficile ». De même, la vieille religieuse en se plaçant au-dessus des bassesses humaines, rappelle avec insistance sa position et son rôle auprès des soldats. Comme d'autres nonnes de son époque, elle s'est mise au service de Dieu et de sa patrie, a voué sa vie aux autres et sa « figure ravagée, crevée de trous sans nombres » semble porter les stigmates de la « petite vérole » qu'elle va soigner sur les champs de bataille.

Cependant, Maupassant ne s'en tient pas uniquement au réalisme* comme on le voit au travers de ses choix esthétiques. Il ne se limite pas aux seules vérités historique, géographique, culturelle et sociale parce qu'il transforme la réalité grâce à différents procédés littéraires notamment la poétisation du réel, l'épopée, la vision prophétique et l'ironie.

Dans plusieurs passages, il poétise le réel, met certains événements en valeur, éclairant ainsi le contexte psychologique et dramatique de la nouvelle. Lorsque Boule de suif décide de déjeuner dans la diligence, au début du voyage, il décrit à la manière d'un peintre le contenu de son panier. La jeune courtisane choisit des objets et une nourriture de qualité « un large panier couvert d'une serviette blanche », la vaisselle est fine « une petite assiette de faïence, une fine timbale en argent » et les mets préparés pour trois jours sont raffinés : « une vaste terrine dans laquelle deux poulets entiers, tout découpés, avaient confi sous leur gelée ; et l'on apercevait encore dans le panier d'autres bonnes choses enveloppées, des pâtés, des fruits, des friandises, les provisions préparées pour un voyage de trois jours, afin de ne point toucher à la cuisine des auberges. Quatre goulots de bouteilles passaient entre les paquets de nourriture. » Malgré son origine populaire, le raffinement de Boule de suif dans le choix de sa vaisselle, de sa nourriture et dans sa manière de manger augure de sa réelle délicatesse.

La poétisation du réel apparaît aussi lors de la description de Rouen sous la neige au moment des préparatifs de départ de la diligence : « Un rideau de flocons blancs ininterrompu miroitait sans cesse en descendant vers la terre ; il effaçait les formes, poudrait les choses d'une mousse de glace ; et l'on n'entendait plus dans le grand silence de la ville calme et ensevelie sous l'hiver que ce froissement vague, innommable et flottant, de la neige qui tombe, plutôt sensation que bruit, entremêlement d'atomes légers qui semblaient emplir l'espace, couvrir le monde. » La neige accompagne le voyage de la diligence, enveloppe le paysage, atténue les bruits, estompe les contours, crée une atmosphère feutrée relevant de l'esthétique impressionniste. Le style de Maupassant traduit par le langage les impressions fugitives, les nuances assourdies de la campagne recouverte de neige tandis que l'évocation de « la gelée [qui] avait durci la terre » a valeur de symbole et deux niveaux de compréhension. Le durcissement de la neige dit la rigueur de cet effroyable hiver 1870-1871 en Normandie et plus généralement la dureté de la guerre et le malheur des temps pour les populations anéanties par la défaite, soumises à un ennemi féroce. En outre, la poétisation du réel et de la nature dans le contexte cruel de la guerre met en relief l'aspect sordide du comportement des voyageurs qui, sous la pression de la faim, se laissent aller à leurs instincts : « De temps en temps, quelqu'un baillait ; un autre presque aussitôt l'imitait ; et chacun, à tour de rôle, suivant son caractère, son savoir-vivre et sa position sociale, ouvrait la bouche avec fracas ou modestement en portant vite sa main devant le trou béant d'où sortait une vapeur. »

Dès l'incipit, Maupassant montre la lutte épique mais inutile des soldats contre leur condition de vaincus : « Pendant plusieurs jours de suite des lambeaux d'armée en déroute avaient traversé la ville. Ce n'était point de la troupe, mais des hordes débandées. Les hommes avaient la barbe longue et sale, des uniformes en guenilles, et ils avançaient d'une allure molle, sans drapeau, sans régiment. Tous semblaient accablés, éreintés, incapables d'une pensée ou d'une résolution, marchant seulement par habitude, et tombant de fatigue sitôt qu'ils s'arrêtaient. » La vision et la description de l'armée en déroute correspondent à la décomposition d'une armée totalement désorganisée, sans chef, ni identité, réduite à néant malgré des actes héroïques et un courage exemplaire. Le romancier ne s'en tient pas là : marqué par la guerre franco-prussienne qu'il a faite, il va tout mettre en œuvre pour amplifier la scène et lui conférer une dimension épique. L'emploi systématique du pluriel ou de termes généraux donne un aspect de masse et une densité particulière au texte de même que les accumulations qui viennent grossir le tableau de la débâcle. Le choix d'un lexique fort marque le summum de l'horreur vécue par l'armée décimée dont les soldats ressentent un profond désespoir entretenu par une panique générale. Cette vision apocalyptique de la défaite trouve un prolongement dans le récit de l'invasion de Rouen par les Prussiens : « Le tremblement de terre écrasant sous les maisons un peuple entier ; le fleuve débordé qui roule les paysans noyés avec les cadavres de bœufs et les poutres arrachées aux toits, ou l'armée glorieuse massacrant ceux qui se défendent, emmenant les autres prisonniers, pillant au nom du Sabre et remerciant Dieu au son du canon, sont autant de fléaux effrayants qui déconcertent toute croyance à la justice éternelle, toute la confiance qu'on nous enseigne en la protection du ciel et la raison de l'homme. » On assiste à un agrandissement du réel, à une amplification de la défaite.

L'issue du combat de deux armées engagées dans une lutte sans merci aggravée par l'inégalité des moyens militaires évoque la fin du monde. L'ampleur du désastre est telle que la représentation des forces destructrices à l'œuvre dans la guerre s'achève sur la dénaturation de Dieu puisque « la vie semblait arrêtée. »

Au cours du récit, l'imagination visionnaire de Maupassant transforme la conspiration menée contre Boule de suif en un véritable siège : « On prépara longuement le blocus comme pour une forteresse investie. Chacun convint du rôle qu'il jouerait, des arguments dont il s'appuierait, des manœuvres qu'il devrait exécuter. On régla le plan des attaques, les ruses à employer, et les surprises de l'assaut, pour forcer cette citadelle vivante à recevoir l'ennemi dans la place. » La coalition gérée comme un combat pour venir à bout de la résistance de la courtisane jusqu'à sa reddition totale fait écho aux dures batailles opposant les français aux prussiens. Par l'emploi du lexique et de la métaphore « filée » de la guerre, l'auteur compare les conspirateurs à l'ennemi triomphant parce que la guerre atteint ici le comble de l'horreur : au lieu de se liguer contre l'ennemi commun, les conspirateurs s'attaquent à Boule de suif, une malheureuse compatriote sans défense et la poussent à se livrer contre son gré à l'officier prussien. Alors, cette guerre devient une lutte fratricide où les faibles sont sacrifiés à l'intérêt des puissants et jetés en pâture à l'ennemi. Maupassant suscite une réflexion sur les aberrations de la guerre et par la vision pathétique, tragique et prophétique qu'il en donne concentre l'attention du lecteur sur l'horreur et l'absurdité qu'elle représente.

Aussi pour dénoncer la collusion des nobles, des bourgeois et du clergé afin de souligner le soutien de l'Église aux nantis va-t-il utiliser diverses techniques stylistiques. Par des portraits en charge, des allusions, des parenthèses, des digressions et les discours qu'ils tiennent, il les ridiculise, notamment la vieille nonne dont l'intervention porte un coup décisif à Boule de suif. Les termes péjoratifs employés pour la décrire tels « la femme aux chapelets pendants », « une de ces religieuses à tambours et trompettes », puis pour la surnommer « une vraie bonne sœur Ran-tan-plan » indiquent outre son intention satirique, celle de la faire chuter du piédestal de la religion et de la ravaler au même rang qu'une autre femme, Boule de suif : son portrait comme son comportement en font un personnage inquiétant, peu recommandable, tourné en dérision. Hormis la religieuse, l'ironie de Maupassant s'exerce à l'égard des personnages qu'il cherche à discréditer en raison de leur conduite. Il plaît au lecteur en lui présentant des notables qui se comportent de façon méprisable lorsque leur intérêt vital est en jeu. Le lecteur, séduit, découvre qu'ils ne sont pas fondamentalement différents des autres hommes lorsque l'instinct de survie fait apparaître la part « animale » que chacun d'eux essaie de refouler. Il est touché par cette part « primitive » de l'homme dans la fiction, au-delà de toute condamnation morale. Pour sauvegarder leurs intérêts et reprendre le voyage vers Le Havre, les Bréville, Carré-Lamadon, Loiseau et les religieuses sont prêts à toutes les vilenies et se conduisent sans remords comme des misérables à l'égard de Boule de suif.

Selon Maupassant, le projet du romancier est d'exprimer la vérité, mais la vérité n'est pas la réalité, elle est au-delà de la réalité. En effet, à la différence du journaliste qui est tenu de donner la réalité brute, le romancier dans son œuvre romanesque doit transfigurer le réel pour atteindre la vérité. Romancier, Maupassant qui était également journaliste et chroniqueur, établit la distinction entre ses diverses fonctions et n'écrit pas de la même façon selon qu'il est romancier, journaliste ou chroniqueur. Il fait le distinguo entre ces activités dans *Messieurs de la chronique* où il définit sa conception de l'écriture pour chacune d'entre elles puisqu'il s'agit toujours d'« hommes de lettres avec des tempéraments différents ». À son avis, l'observation du journaliste et du chroniqueur « doit porter sur les faits » tandis que le romancier peut s'en inspirer sans être toutefois obligé de les reproduire tels quels. Il réfute une acception étroite du réalisme* qui se contenterait de reproduire servilement la réalité et critique l'aspiration des écrivains réalistes à l'exactitude totale, à l'expression rigoureuse et scrupuleuse des faits ordinaires de la vie quotidienne, à la description précise et objective des événements et de la réalité. Or, l'évocation de cette réalité passe par une écriture à laquelle ces objets nouveaux voire ingrats posent une sorte de défi. Dans *Boule de suif*, la déroute d'une armée, le sacrifice d'une prostituée à l'intérêt des notables, la cruauté des envahisseurs prussiens sont des faits d'un réalisme cru. Comme l'avarice des Normands, leurs comportements triviaux sont des faits d'une extrême banalité qui exigent pour passer dans la fiction une écriture riche et forte si bien que le travail de l'écrivain devient central dans la légitimation des sujets qu'il traite. Vouloir s'en tenir à l'exactitude rigoureuse des événements est critiquable puisque l'analyse du réel montre l'invraisemblance de certains d'entre eux. Aussi, le romancier ne reproduira-t-il pas la réalité mais la modifiera : c'est son regard qui construit, organise le réel et le recompose selon son projet littéraire. Il ne tient pas le journal de la guerre en Normandie, ne relate pas les incidents quotidiens qui s'y produisent. Le contexte dépasse l'observation et c'est une évocation plus séduisante pour le lecteur car si la tenue du journal de la guerre intéresse l'historien, le politicien ou le sociologue, elle n'est pas l'intérêt exclusif de l'œuvre romanesque. La fiction constitue une sorte de « véhicule » entre la vérité et le lecteur, surtout lorsque ce dernier est le censeur, toujours très attentif au contenu de l'œuvre. Maupassant dont l'emploi au ministère de l'Instruction publique est le seul gagne-pain, n'est pas prêt d'oublier le procès qui lui a valu d'être en janvier 1880, « prévenu d'outrage à la morale publique et religieuse et aux bonnes mœurs » pour son poème *Une fille*, procès terminé par un non-lieu grâce à l'intervention de Flaubert. La nouvelle *Boule de suif* par ses rebondissements multiples, les événements peu vraisemblables qu'elle raconte lui permet sinon de transformer la vérité du moins de la manipuler. D'ailleurs, les modifications de la réalité loin d'être des déguisements menteurs mettent souvent mieux en valeur ce réel. C'est pourquoi il semble intéressant de voir quelles vérités profondes Maupassant essaie d'atteindre dans son récit. Il tente de dévoiler non seulement la vérité des personnages mais aussi celle profonde de la société afin de mettre à jour à travers la représentation des rapports humains, les lois naturaliste et sociale qui les régissent dans la société du XIXe siècle.

Il transforme la réalité pour manifester la vérité profonde qui se cache derrière le comportement des personnages. Ainsi, l'incipit montre la vérité de l'armée française décimée, le désarroi et l'affolement des soldats. Le style de Maupassant donne à cette déroute un agrandissement épique : on touche les souffrances, les désespoirs, la banale, terrible et ordinaire vérité de ce désastre. La guerre fait perdre toute humanité et révèle les bassesses humaines car les vaincus sont prêts à bien des compromissions pour conserver leurs biens, obtenir quelques avantages : « C'était l'occupation après l'invasion. Le devoir commençait pour les vaincus de se montrer gracieux envers les vainqueurs ».

Maupassant manipule la réalité en créant les situations et les conditions qui conduisent les personnages guidés par un besoin de survie à se laisser aller à leurs instincts. Si les couples Bréville, Carré-Lamadon et Loiseau se rendent au Havre pour protéger leurs biens, les religieuses veulent y soigner les blessés tandis que Cornudet et Boule de suif fuient la présence de l'occupant. Ils vont lutter pour atteindre leurs objectifs respectifs et survivre face à un ennemi despotique et triomphant qui se signale par une inhumanité sans pareille : « il [l'officier prussien] ne se leva pas, ne les salua pas, ne les regarda pas. Il présentait un magnifique échantillon de la goujaterie naturelle au militaire victorieux ». Confrontés à cette volonté inébranlable, les trois couples et les religieuses vont unir leurs efforts pour convaincre Boule de suif de satisfaire sa demande. En bon naturaliste, Maupassant montre ici le triomphe de la loi naturelle, celle qui régit l'instinct de survie sur la loi sociale, celle qui régit les comportements d'éducation. Le vernis social s'écaille et laisse apparaître la nature, l'instinct même. Chacun va révéler une forme d'imposture sociale dans le complot sordide élaboré pour sacrifier Boule de suif. Loiseau veut « livrer cette misérable pieds et poings liés à l'ennemi. Mais le comte, issu de trois générations d'ambassadeurs et doué d'un physique de diplomate, était partisan de l'habileté : « Il faudrait la décider », dit-il. « Alors on conspira. » Tous sauf Cornudet unissent leurs efforts pour l'amener à céder à l'ennemi. À travers le récit de leur conspiration, Maupassant dénonce la collusion des bourgeois et du clergé pour réaliser leurs desseins. La vieille nonne ne devrait-elle pas décider Boule de suif à respecter les valeurs morales intemporelles de la religion, à renoncer à la prostitution et la protéger contre elle-même ? Ce n'est nullement le cas puisqu'elle trahit les principes de l'Église et sa mission en la poussant à accomplir un acte que l'Église et la morale réprouvent, en aidant par ses propos les conspirateurs à la faire céder. Lorsqu'elle déclare que « rien, à son avis, ne pouvait déplaire au Seigneur quand l'intention était louable », elle se comporte comme les jésuites condamnés par Pascal dans *Les Provinciales*. Cet argument spécieux apporte un soutien inattendu à la comtesse de Bréville, porte-parole des conspirateurs, participe au « viol » de Boule de suif par le Prussien et la sacrifie à leurs objectifs. Son discours correspond si bien à leurs pensées secrètes que « Personne ne dit rien après elle tant l'effet semblait excellent ». Leur duplicité est telle qu'ils la rejettent une fois le sacrifice accompli, sans le moindre remords : « Personne ne la regardait, ne songeait à elle. Elle se sentait noyée dans le mépris de ces gredins honnêtes qui l'avaient sacrifiée d'abord, rejetée ensuite comme une chose malpropre et inutile ». Intéressés, hypocrites, menteurs, arrivistes, tous se valent : le vernis social a volé en éclats et ils apparaissent tels qu'ils sont réellement.

Maupassant utilise la suggestion, l'amplification, la recomposition pour empêcher le lecteur d'adhérer aux thèses* des personnages veules et indignes qu'il représente dans *Boule de suif*. Il dénonce toutes les guerres, exprime son pessimisme, sa vision du monde, sa philosophie de la vie et par sa condamnation de la société invite le lecteur à les comprendre et à les partager. Tout au long de la nouvelle, il manifeste sa vérité profonde, sa vérité d'homme lucide, compatissant, généreux et par là-même se dévoile en laissant cependant au lecteur le soin d'apprécier son œuvre et d'en dégager la morale.

Lorsqu'il écrit ses articles et ses chroniques, Maupassant recherche les faits bruts mais pour créer une aventure romanesque qui séduit le lecteur, il préfère transformer la réalité et modifier les événements selon son projet : sa réussite confirme l'opportunité de ses choix. D'ailleurs, s'en tenir uniquement à la réalité sans manipulation aucune des événements ne saurait convenir au romancier à cause de certaines réalités difficiles à représenter. Pourtant, ces réalités-là se manifestent dans le roman par le biais de divers procédés stylistiques plus révélateurs que bien des discours. Dès lors, le style que le romancier soigne tant constitue un intercesseur entre la réalité qu'il relate et la vérité qu'il veut atteindre dans son œuvre. Le style révèle cette vérité, attire l'attention de manière à séduire le lecteur et à le faire adhérer à l'œuvre. Cette préface de *Pierre et Jean* est écrite beaucoup plus tard que *Boule de suif* mais cette nouvelle offre déjà les prémices d'une réflexion longue et minutieuse sur la genèse de l'œuvre romanesque.

SUJET N° 2 : étude d'un texte argumentatif (*Boule de suif*, p. 56-59)

Une attention si profonde tendait les esprits, qu'on n'entendit point rentrer Boule de suif. Mais le comte souffla un léger : « Chut » qui fit relever tous les yeux. Elle était là. On se tut brusquement et un certain embarras empêcha d'abord de lui parler. La comtesse, plus assouplie que les autres aux duplicités des salons, l'interrogea : — « Était-ce amusant, ce baptême ? »

La grosse fille, encore émue, raconta tout, et les figures, et les attitudes, et l'aspect même de l'église. Elle ajouta : — « C'est si bon de prier quelquefois. »

Cependant, jusqu'au déjeuner, ces dames se contentèrent d'être aimables avec elle, pour augmenter sa confiance et sa docilité à leurs conseils.

Aussitôt à table, on commença les approches. Ce fut d'abord une conversation vague sur le dévouement. On cita des exemples anciens : Judith et Holopherne, puis, sans aucune raison, Lucrèce avec Sextus, Cléopâtre faisant passer par sa couche tous les généraux ennemis, et les réduisant à des servilités d'esclave. Alors se déroula une histoire fantaisiste, éclose dans l'imagination de ces millionnaires ignorants, où les citoyennes de Rome allaient endormir à Capoue Annibal entre leurs bras et, avec lui, ses lieutenants, et les phalanges des mercenaires. On cita toutes les femmes qui ont arrêté des conquérants, fait de leur corps un champ de bataille, un moyen de dominer, une arme, qui ont vaincu par leurs caresses héroïques des êtres hideux ou détestés, et sacrifié leur chasteté à la vengeance et au dévouement.

On parla même en termes voilés de cette Anglaise de grande famille qui s'était laissé inoculer une horrible et contagieuse maladie pour la transmettre à Bonaparte sauvé miraculeusement, par une faiblesse subite, à l'heure du rendez-vous fatal.

Et tout cela était raconté d'une façon convenable et modérée, où parfois éclatait un enthousiasme voulu propre à exciter l'émulation.

On aurait pu croire, à la fin, que le seul rôle de la femme, ici-bas, était un perpétuel sacrifice de sa personne, un abandon continu aux caprices des solda-tesques.

Les deux bonnes sœurs ne semblaient point entendre, perdues en des pensées profondes, Boule de suif ne disait rien.

Pendant toute l'après-midi on la laissa réfléchir. Mais, au lieu de l'appeler « madame » comme on avait fait jusque-là, on lui disait simplement « mademoiselle », sans que personne sût bien pourquoi, comme si l'on avait voulu la faire descendre d'un degré dans l'estime qu'elle avait escaladée, lui faire sentir sa situation honteuse.

Au moment où l'on servit le potage, M. Follenvie reparut, répétant sa phrase de la veille : — « L'officier prussien fait demander à Mlle Élisabeth Rousset si elle n'a point encore changé d'avis. »

Boule de suif répondit sèchement : — « Non, Monsieur. »

Mais au dîner la coalition faiblit. Loiseau eut trois phrases malheureuses. Chacun se battait les flancs pour découvrir des exemples nouveaux et ne trou-vait rien, quand la comtesse, sans préméditation peut-être, éprouvant un vague besoin de rendre hommage à la Religion, interrogea la plus âgée des bonnes sœurs sur les grands faits de la vie des saints. Or, beaucoup avaient commis des actes qui seraient des crimes à nos yeux ; mais l'Église absout sans peine ces forfaits quand ils sont accomplis pour la gloire de Dieu, ou pour le bien du prochain. C'était un argument puissant ; la comtesse en profita. Alors, soit par une de ces ententes tacites, de ces complaisances voilées, où excelle qui-conque porte un habit ecclésiastique, soit simplement par l'effet d'une inintel-ligence heureuse, d'une secourable bêtise, la vieille religieuse apporta à la conspiration un formidable appui. On la croyait timide, elle se montra hardie, verbeuse, violente. Celle-là n'était pas troublée par les tâtonnements de la casuistique ; sa doctrine semblait une barre de fer ; sa foi n'hésitait jamais ; sa conscience n'avait point de scrupules. Elle trouvait tout simple le sacrifice d'Abraham, car elle aurait immédiatement tué père et mère sur un ordre venu d'en haut ; et rien, à son avis, ne pouvait déplaire au Seigneur quand l'intention était louable. La comtesse, mettant à profit l'autorité sacrée de la complice inattendue, lui fit faire comme une paraphrase édifiante de cet axiome de morale : « La fin justifie les moyens. »

Elle l'interrogeait.

— « Alors, ma sœur, vous pensez que Dieu accepte toutes les voies, et pardonne le fait quand le motif est pur ?

— Qui pourrait en douter, madame ? Une action blâmable en soi devient souvent méritoire par la pensée qui l'inspire. »

Et elles continuaient ainsi, démêlant les volontés de Dieu, prévoyant ses décisions, le faisant s'intéresser à des choses qui, vraiment, ne le regardaient guère.

Tout cela était enveloppé, habile, discret. Mais chaque parole de la sainte fille en cornette faisait brèche dans la résistance indignée de la courtisane. Puis, la conversation se détournant un peu, la femme aux chapelets pendants parla des maisons de son ordre, de sa supérieure, d'elle-même, et de sa mignonne voisine, la chère sœur Saint-Nicéphore. On les avait demandées au Havre pour soigner dans les hôpitaux des centaines de soldats atteints de la petite vérole. Elle les dépeignit, ces misérables, détailla leur maladie. Et tandis qu'elles étaient arrêtées en route par les caprices de ce Prussien, un grand nombre de Français pouvaient mourir qu'elles auraient sauvés peut-être ! C'était sa spécialité, à elle, de soigner les militaires ; elle avait été en Crimée, en Italie, en Autriche, et, racontant ses campagnes, elle se révéla tout à coup une de ces religieuses à tambours et à trompettes qui semblaient faites pour suivre les camps, ramasser des blessés dans les remous des batailles, et, mieux qu'un chef, dompter d'un mot les grands soudards indisciplinés ; une vraie bonne sœur Ran-tan-plan dont la figure ravagée, crevée de trous sans nombre, paraissait une image des dévastations de la guerre.

Personne ne dit rien après elle, tant l'effet semblait excellent.

Questions (10 points)

QUESTION 1 : Expliquez l'emploi du pronom indéfini « on ». Qui désigne-t-il ? Quelles sont ses valeurs ? (2 points)

QUESTION 2 : Par quel procédé caractéristique l'auteur enrichit-il l'argumentation ? Essayez d'identifier les démarches argumentaires adoptées par les différents personnages. (5 points)

QUESTION 3 : Quel rôle joue, dans l'argumentation de ses interlocuteurs, la réponse de Boule de suif « C'est si bon de prier quelquefois » ?

En quoi la référence à la religion contribue-t-elle à rendre l'argumentation plus convaincante ? (3 points)

• Question 1

Le pronom indéfini « on » employé à plusieurs reprises dans cet extrait de *Boule de suif* (14 occurrences) évoque toujours un animé et ne peut être que sujet d'un verbe.

Lignes 1 à 5 : Dans le premier paragraphe de ce texte « on » concerne un ensemble d'individus envisagés collectivement qui sont les voyageurs de la diligence hormis Cornudet et les religieuses qui n'ont pas participé à la conspiration et Boule de suif qui était à l'église (2 occurrences).

Lignes 6 à 26 : Au moment du repas bien que tous les voyageurs y compris les religieuses, Boule de suif et Cornudet y participent, le « on » désigne les conspirateurs, les trois couples Loiseau, Carré-Lamadon, Bréville (9 occurrences).

Ligne 27 : le pronom « on » renvoie aux personnages indiqués ci-dessus auxquels il faut ajouter le lecteur qui réagit aux propos du narrateur.

Ligne 37 : l'« on » (servit le potage) : le « on » désigne ici le personnel de l'auberge chargé de servir à table. Le « l' » employé dans la langue écrite renvoie à un usage hérité de l'ancien français qui fait précéder « on » de l'article défini.

Ligne 52 : « on » (la croyait timide) représente les conspirateurs auxquels s'ajoutent les participants au repas.

Ligne 71 : « on » (les avait demandées) : représente sous un aspect indéterminé plusieurs personnes dont on ne peut ou dont on ne veut préciser l'identité. Le « on » renvoie vraisemblablement ici aux autorités militaires qui font appel aux religieuses pour soigner les soldats blessés comme cela a été le cas lors des campagnes de Crimée, d'Italie, d'Autriche au cours desquelles la vieille religieuse a soigné les blessés.

• Question 2

Cet extrait correspond à l'argumentation des conspirateurs, les couples Loiseau, Carré-Lamadon et Bréville, aidés de la vieille religieuse : ils veulent convaincre Boule de suif de satisfaire la demande de l'officier prussien.

Maupassant enrichit l'argumentation par le recours aux exemples historiques et religieux. Ce type d'argument s'appuie sur une structure narrative et a une intention de communication argumentative. Ici, la thèse* que présentent les conspirateurs à l'aide des différents exemples doit être reconstruite par *Boule de suif*.

Au début de l'argumentation (lignes 10 à 29) les conspirateurs désignés par le pronom indéfini « on » qui leur sert de substitut, organisent un circuit argumentatif* en vue d'amener Boule de suif à accepter de se sacrifier en utilisant successivement plusieurs types d'arguments. Ils commencent par des exemples anciens tirés de la Bible et de l'Antiquité et citent d'abord celui de Judith et Holopherne : il s'agit d'une jeune juive qui captiva le général assyrien Holopherne pendant le siège d'une ville de Judée et en lui tranchant la gorge pendant son sommeil, sauva sa ville. Puis, ils passent aux exemples extraits de l'Antiquité : ceux de Lucrèce, noble romaine qui, violée par le roi Tarquin se suicida et de Cléopâtre qui séduisit plusieurs de ses puissants adversaires, dont un célèbre général du nom de Jules César. Contrairement à Judith et Cléopâtre, Lucrèce ne s'est pas sacrifiée par patriotisme, ceci corrobore l'ignorance des conspirateurs qui, en commettant des erreurs que Boule de suif ne peut relever à cause de son manque d'instruction, se ridiculisent et sont dévalorisés aux yeux du lecteur. Ces exemples individuels de femmes célèbres, Judith, Lucrèce, Cléopâtre, leur permettent de passer du particulier au général et de procéder à une généralisation de ces exemples à « toutes les femmes qui ont arrêté des conquérants » pour susciter l'émulation de Boule de suif. Considérant peut-être ces exemples trop lointains pour être évocateurs, les conspirateurs développent ensuite un exemple historique récent. Or, cet exemple qui se rapporte à l'empereur Napoléon Ier semble *a priori* malencontreux car Boule de suif est bonapartiste. Cependant, le fait de vouloir transmettre à un ennemi une maladie vénérienne contagieuse le rend judicieux car il renvoie à la fois au moyen d'ordre sexuel envisagé pour contaminer l'empereur et à la demande d'ordre sexuel de l'officier prussien.

(Lignes 40 à 82) Les conspirateurs se trouvant en difficulté, la comtesse de Bréville plus habile dans l'art de la conversation, entreprend d'interroger la vieille religieuse sur « la vie des saints », « les cas de conscience », « les forfaits [...] accomplis pour la gloire de Dieu » ou « le bien du prochain [que] l'Église absout ». Elle avance l'argument religieux dont elle a saisi la puissance en ayant soin d'utiliser le prestige et l'autorité de la sœur qui représente aux yeux de Boule de suif, la voix de l'Église. Avec l'aide inattendue de la nonne, elle présente un argument de finalité et d'intention et s'offre la possibilité de le transférer par glissement à Boule de suif et à leur situation à l'auberge puisque « rien, à son avis [de la religieuse] ne pouvait déplaire au Seigneur quand l'intention était louable ». Enfin, la religieuse développe un argument d'autorité en profitant de cette occasion pour évoquer sa mission auprès des soldats français, blessés, malades ou mourants et son désir de pratiquer la charité. En faisant preuve de charité, dévouement, esprit de sacrifice envers eux, elle incite Boule de suif à se comporter aussi charitablement qu'elle, en évitant soigneusement d'évoquer les intérêts particuliers des autres voyageurs de la diligence. Son discours paraît si pertinent et porteur aux conspirateurs qu'ils n'interviennent pas après elle.

Comme *Boule de suif* n'est pas l'argumentataire avouée mais implicite des argumentateurs, elle ne leur répond pas. Profitant des repas qui réunissent tous les voyageurs de la diligence et les aubergistes, ils exposent leurs arguments mais en prenant le parti lâche et hypocrite de ne pas s'adresser directement à elle, afin qu'elle porte l'entière responsabilité de la décision qu'elle prendra.

• Question 3

Dans la diligence, Boule de suif avait montré sa déférence à l'égard des deux religieuses en leur proposant à elles d'abord « d'une voix humble et douce [...] de partager sa collation ». Puis, elle a montré sa piété et son attachement à la religion en se rendant à l'église pour assister au baptême d'un enfant qu'elle ne connaît pas. À son retour, en réponse à une question de la comtesse de Bréville, elle répond « C'est si bon de prier quelquefois ».

Aussi, les conspirateurs vont-ils tirer parti de sa piété pour organiser leur argumentation.

La comtesse de Bréville s'appuie sur la vieille religieuse pour utiliser des arguments susceptibles de réduire la résistance de la jeune prostituée. La référence à la religion contribue à rendre l'argumentation plus convaincante parce qu'il s'agit d'un thème auquel la jeune femme est sensible. Sans avoir de connaissances précises des textes religieux à cause de son éducation sommaire et de son manque de culture, elle connaît néanmoins la Bible et l'exemple de Judith et Holopherne qui en est tiré ne peut que la frapper. Par ailleurs, à ses yeux, la vieille religieuse représente la religion et ses propos font autorité parce qu'elle la considère comme la voix de l'Église : auréolée du prestige de la foi et de sa mission, elle sait ce qui est autorisé ou interdit et peut donc l'influencer.

D'une part, la connotation religieuse des expressions employées comme « la vie des saints, l'Église absout ces forfaits, la gloire de Dieu, le bien du prochain, le sacrifice d'Abraham, un ordre venu d'en haut, Dieu accepte toutes les voies » ; d'autre part, la distinction théologique entre l'acte et l'intention qui le guide, puis la répétition d'un même argument religieux d'abord par la comtesse de Bréville puis par la religieuse ont pour effet de troubler Boule de suif.

L'enjeu des arguments religieux est de convaincre Boule de suif de suivre l'exemple des femmes qu'on vient d'évoquer et de se sacrifier comme elles par patriotisme et charité envers des compatriotes soldats blessés, malades ou mourants.

Travaux d'écriture (10 points)

QUESTION 1 : Résumez brièvement le contenu des lignes : « Aussitôt à table, on commença les approches [...] excite l'émulation ». (3 points)

QUESTION 2 : En quoi les propos de la sœur « Tout cela était enveloppé [...] » jusqu'à « les dévastations de la guerre » portent-ils la marque de leur époque, en quoi sont-ils toujours d'actualité ? (7 points)

• Question 1

Le repas permet aux conspirateurs d'avancer leurs arguments : ils ont recours à des exemples anciens tirés de la Bible et de l'Antiquité puis à un exemple actuel se rapportant à Bonaparte. Tous les exemples présentés de manière allusive concernent le sacrifice de femmes utilisant leurs charmes pour sauver leur pays, le tout dit sur un ton propre à susciter l'émulation.

• Question 2

Le discours de la religieuse révèle l'importance de la guerre dans l'œuvre de Maupassant, une prise de conscience par rapport à ce thème et ce qu'il représente dans les œuvres romanesques contemporaines de *Boule de suif*. Cette évocation marquée par la situation de la France et la réflexion des écrivains de la fin du XIXᵉ siècle dans ce pays a le mérite en dépit des changements intervenus depuis cette époque de résonner en nous. Avec talent, Maupassant nous invite à réfléchir sur la guerre et sur des valeurs essentielles qui comme le patriotisme, la charité, l'humanité ou la solidarité traversent le temps.

Le texte porte la marque très concrète de son époque : il y est question en toile de fond de la guerre de 1870 entre la France et la Prusse et plus particulièrement d'un épisode de l'occupation en Normandie. Après s'être préparées à soutenir un siège, l'armée française et la population de Rouen abandonnent la ville sans combat aux prussiens qui l'envahissent en décembre 1870 : « Les Prussiens allaient entrer dans Rouen, disait-on. [...] La vie semblait arrêtée ; les boutiques étaient closes, la rue muette. [...] L'angoisse de l'attente faisait désirer la venue de l'ennemi. » La débâcle des troupes françaises est à l'origine de la fuite des voyageurs vers Le Havre où ils veulent se mettre à l'abri. Une panique générale a gagné la population anéantie par une défaite éclair, inattendue et le manque de combativité d'une partie de l'armée sans formation, ni arme. Malgré la soudaine avancée des Prussiens, quelques poches de résistance subsistent comme au Havre où un régiment prépare l'offensive contre l'ennemi. Le comte de Bréville, informé des dernières tentatives de l'armée de sauver quelques villes du nord du pays, craint de se trouver retenu avec les autres voyageurs à Tôtes, dans une zone de bataille, lors d'affrontements qui opposeraient les soldats français et prussiens. De telles actions sporadiques ont vraiment eu lieu sans rencontrer de réels succès puisqu'une paix humiliante sera signée un peu plus tard avec la Prusse.

Le texte fait constamment référence non seulement à la guerre franco-prussienne mais à d'autres guerres bien plus anciennes encore car toutes sont sources de malheur. Élément contextuel essentiel dans la nouvelle, le thème de la guerre se retrouve à la fois dans le champ lexical* employé, le discours des personnages, le récit des exploits militaires, celui des campagnes en Crimée, en Autriche, en Italie suivies par la vieille religieuse aux côtés de l'armée française, enfin dans la manière dont est conduite la « coalition » contre Boule de suif. Les personnages animés de la même intention se situent par rapport à des événements guerriers : fuir Rouen pour éviter la guerre, ses atrocités et l'instabilité politique qu'elle provoque. Néanmoins, le problème le plus crucial reste l'inhumanité et l'insolence des Prussiens à l'égard des vaincus dont Maupassant fait un élément-clé de *Boule de suif* et de ses nouvelles de guerre. Ce sont cette férocité et cette arrogance qui ont suscité en réponse des actes de courage, de vengeance et de sabotage, revendiqués ou anonymes mais toujours punis avec la plus extrême violence par l'ennemi. Le recueil *Les Soirées de Médan* dont fait partie *Boule de suif* évoque ces douloureux sujets. À l'instar de Maupassant, d'autres écrivains de l'époque tels Zola et Huysmans dénoncent la guerre et son triste cortège de méfaits. L'officier prussien qui retient les voyageurs à Tôtes, symbolise de la façon la plus arbitraire qui soit la tyrannie, l'arrogance et la férocité de l'ennemi. Le discours de Maupassant à son sujet présente des analogies avec celui d'autres écrivains, historiens, journalistes de l'époque qui décrivent de la même façon le comportement des vainqueurs. D'ailleurs, la vieille religieuse évoque les atrocités commises contre ses compatriotes militaires avec une insistance particulière sur les « hôpitaux, les centaines de soldats atteints de la petite vérole, le remous des batailles, les grands soudards indisciplinés ». Les thèmes et le langage employés, les réalités mentionnées sont très marqués par le contexte socioculturel de l'époque surtout la barbarie des prussiens et les campagnes de Crimée, d'Italie, d'Autriche encore présentes dans l'esprit des lecteurs de cette nouvelle mais oubliées aujourd'hui parce que d'autres plus récentes frappent davantage l'imagination.

Or, si la religieuse développe des idées très influencées par sa vocation, sa culture et l'idéologie de la fin du XIXe siècle en France, certaines d'entre elles renvoient à des valeurs assez fortes pour susciter un écho en nous aujourd'hui encore.

Au moment de la conspiration contre Boule de suif, la vieille nonne en servant d'*alter ego** à la comtesse de Bréville participe à la collusion de l'Église et des notables, aristocrates et bourgeois, pour dominer Boule de suif. Elle manque à sa mission et aux principes de l'Église, utilise la religion pour justifier cette domination et maintenir la hiérarchisation de la société en classes sociales dominantes et dominées, guidées par des intérêts antagonistes. Comme Maupassant, bien des écrivains ont reproché à la religion de cautionner et de justifier le maintien des structures sociales favorables aux classes dominantes. Cette attitude se retrouve de nos jours dans le comportement de ceux qui, appartenant aux classes sociales favorisées, œuvrent pour le maintien des privilèges acquis sans se soucier de la misère ou de la faiblesse de ceux qu'ils oppriment. D'ailleurs, le discours de la religieuse en vue de convaincre Boule de suif de se sacrifier pour eux, obéit au principe « Qui veut la fin, veut les moyens », le principe pragmatique qui fonde les agissements de tous les arrivistes.

La religieuse parle de la guerre avec une conviction qui dépasse l'actualité de l'époque. Elle appuie son argumentation sur des faits qu'elle présente avec évidence et simplicité lorsqu'elle cite les « maisons de son ordre », rappelle sa mission patriotique et religieuse, sa connaissance des champs de bataille, des soins aux blessés et aux malades, l'assistance aux mourants et insiste sur la cruauté de l'officier prussien qui l'empêche de se rendre utile envers ses compatriotes et d'accomplir un acte charitable. Elle s'est mise au service de Dieu, a voué sa vie à sa patrie et sa « figure ravagée, crevée de trous sans nombres » semble porter les stigmates de la « petite vérole » qu'elle a soignée durant les campagnes militaires. Aujourd'hui, l'œuvre humanitaire des religieuses missionnaires qui se dévouent auprès de leurs semblables dans les pays en guerre et dans les régions sous-développées en proie à la misère rappelle celle des nonnes de *Boule de suif* pendant le conflit franco-prussien de 1870.

D'autres guerres plus désastreuses ont succédé à la guerre de 1870 entre la France et la Prusse et n'ont cessé de ravager le monde. Depuis près de quatre siècles, les écrivains procèdent dans leurs œuvres à une condamnation réitérée des guerres avec les mêmes images de destruction, de mise en pièce, d'absurdité. Au XVIIIe siècle, Voltaire dans *Candide*, au XIXe siècle Rimbaud dans *Le Mal*, au XXe siècle, E. M. Remarque dans *À l'ouest rien de nouveau* se sont dressés avec la plus grande détermination contre toutes les guerres. Celles mondiales du XXe siècle ont fait des victimes innombrables, entraîné des atrocités effroyables, résultat de l'aveuglement des hommes qui utilisent des armes toujours plus destructrices : armes chimiques, bactériologiques, nucléaires, de plus en plus sophistiquées, efficaces, meurtrières. Le spectre de la guerre continue à menacer l'humanité. Devant toutes ces horreurs, comme les religieuses au siècle dernier, des hommes et des femmes au sein d'organismes humanitaires à vocation nationale et internationale protègent, soignent et défendent des hommes en détresse. Ils ne limitent pas leur action bienfaitrice à la guerre mais sont présents lors des famines, des épidémies et de toutes sortes d'autres catastrophes afin que se développent la charité, la solidarité et que reculent la guerre, la misère, la faim, la violence et l'injustice.

Pour l'avoir vécue à vingt ans, Maupassant haïssait la guerre et par sa propre voix comme par celle de ses personnages condamnait les méfaits et les atrocités qu'elle engendre. Témoin de son temps, pessimiste mais sensible et généreux, il voulait « déshonorer la guerre » et espérait, sans trop y croire, une humanité fraternelle dans le respect mutuel des hommes et des nations. Ce vœu que le XXe siècle n'a pu accomplir, souhaitons que le IIIe millénaire le réalise.

II. À L'ORAL

1. Rappel des Instructions officielles

L'épreuve orale comporte deux parties.

I. La lecture d'un court passage (une quinzaine de vers ou une quinzaine de lignes de prose) tiré de la liste d'œuvres et de textes présentés par le candidat (cf. *infra*). Il peut s'agir de tout ou partie de l'un des textes réunis dans le cadre d'un groupement, ou d'un passage, quel qu'il soit, d'une des œuvres intégrales étudiées. Le candidat lit le texte à haute voix. Il l'examine méthodiquement. Il propose, en se fondant sur des remarques précises, un jugement motivé sur ce qui en constitue à ses yeux l'intérêt.

II. Un entretien, qui permet à l'examinateur d'élargir l'interrogation dans la perspective du groupement de textes ou de l'œuvre intégrale dont le texte étudié est extrait.

L'évaluation prend en considération les connaissances du candidat, ses capacités d'analyse et de réflexion, la correction et la netteté de son expression. La première partie de l'épreuve permet en outre d'apprécier plus précisément son aptitude à organiser son propos et à l'exposer avec ordre et clarté, la seconde son aptitude à entrer dans un dialogue et à argumenter dans un échange suivi.

2. Exemples de lectures méthodiques linéaires

PREMIER EXTRAIT : « Pendant plusieurs jours de suite des lambeaux d'armée en déroute avaient traversé la ville. » à « [...] de se montrer gracieux envers les vainqueurs. » (p. 23-25)

INTRODUCTION

Situation : Placé au début de la nouvelle, cet incipit* présentant l'armée française en déroute, constitue son ouverture et a pour fonction de situer son cadre historique et géographique. À partir d'un certain nombre d'informations exactes sur la désorganisation de l'armée française, le narrateur introduit le lecteur *in medias res** et lui décrit des événements qui lui donneront la curiosité de poursuivre sa lecture puisqu'il n'indique pas le nom de la ville dont il s'agit.

Idée directrice : Le narrateur fait la description de l'armée française en déroute, montre la totale désorganisation de tous les corps de l'armée, l'armée régulière et les mobilisés, et situe le cadre historique et géographique de l'aventure. Cette ouverture annonce une histoire de guerre au moment de l'invasion, de l'occupation de Rouen et de la Normandie au cours de la guerre franco-prussienne de 1870. Le fonctionnement rigoureux de la puissante armée prussienne met davantage en lumière l'importance de la débâcle.

Composition : L'ensemble de l'extrait est construit autour d'une opposition entre la description de l'armée française et celle de l'armée prussienne par un narrateur qui constate au moment de l'occupation de Rouen l'effondrement de la société française.

1. Une effroyable déroute
2. L'invasion prussienne
3. L'effondrement d'une société dans la guerre.

Enjeux du texte : Bien avant la formalisation de ses idées théoriques sur *Le Roman*, étude qui sert de préface à *Pierre et Jean*, Maupassant les met déjà en pratique puisqu'il réussit dans sa première œuvre romanesque à donner une « vision plus complète, plus saisissante, plus probante que la réalité même » des armées française et prussienne.

1. UNE EFFROYABLE DÉROUTE

Dès la première page de la nouvelle, Maupassant donne une certaine vision de la réalité et montre le délabrement, la décomposition de l'armée française à l'aide d'expressions propres à frapper l'imagination : « des lambeaux d'armée en déroute ; des hordes débandées ; des uniformes en guenille ; tous semblaient accablés, éreintés, incapables d'une pensée ou d'une résolution ; tombant de fatigue ; des soldats [...] souvent braves à outrance, pillards et débauchés ». Cette longue description confirme ce qu'annonçait déjà la première phrase « des lambeaux d'armée en déroute avaient traversé la ville ». La totale désorganisation de l'armée concerne tous les corps qui la composent : Garde nationale, infanterie, artillerie, cavalerie, armée régulière ou de réserve, tous les soldats sont exténués, sans armes, sans commandement, sans efficacité aucune. Le nom des légions de francs-tireurs inspiré des Hauts faits de la Révolution de 1789 offre un contraste saisissant avec la réalité de la défaite et les « airs de bandits » des soldats, commandés par des chefs dont la vanité se double d'une étonnante couardise.

Napoléon III, sûr de son bon droit et de la force du pays, avait déclaré la guerre à la Prusse pour lutter contre son expansionnisme et asseoir le régime impérial alors que la Prusse, avec une armée suréquipée et surentraînée, considérait cette guerre comme un moyen de réaliser l'unité nationale. Très vite, les victoires prussiennes bien qu'atténuées auprès de l'opinion montrent la supériorité de l'ennemi. Malgré la capitulation et la déchéance de Napoléon III après Sedan, la guerre continue, les Prussiens avancent, occupent Paris, puis quelques provinces comme ici la Normandie et sa capitale Rouen. Mobilisé et affecté à la

2ᵉ division de l'Intendance du Havre en garnison à Rouen, Maupassant a fait la guerre et a assisté à la débâcle de l'armée française. Il a constaté le déséquilibre des forces en présence, la puissance militaire des Prussiens, l'inégalité des armements voire l'absence d'armes des Français, l'impossibilité de redresser la situation malgré le courage, les efforts désespérés des soldats et l'organisation d'opérations de résistance comme au Havre au cours de l'automne et de l'hiver 1870-1871 puisque cette poche de résistance subsista jusqu'à l'armistice. Au cours de la traversée de la ville, la découverte par le narrateur de la non-coïncidence de l'être et du paraître des francs-tireurs et de leurs chefs donne une dimension dramatique à ce qui reste de ce corps d'armée. Car, si les chefs marquent leur autorité par des signes extérieurs visibles et audibles, ils craignent en réalité leurs soldats dont certains sont des malfaiteurs notoires : « gens de sac et de corde […] pillards et débauchés ». Dès lors, comment vaincre l'ennemi quand la trahison peut venir de sa propre troupe ?

Symbolique, la débâcle de l'armée annonce celle des habitants de Rouen dès l'entrée des Prussiens dans la ville.

2. L'INVASION PRUSSIENNE

La phrase « Les Prussiens allaient entrer dans Rouen disait-on » indique la ville bien réelle dont il s'agit, le moment historique de cette déroute et une « histoire de guerre » tandis que « disait-on » annonce le développement des rumeurs les plus inquiétantes précédant l'invasion des troupes ennemies. Malgré un siège préparé avec soin par l'armée, la Garde nationale et la population, Rouen fut occupée sans combat le 5 décembre 1870. La Garde nationale considérée comme un élément-clé de la résistance, formée d'hommes âgés de vingt-cinq à cinquante ans recrutés dans les agglomérations, était en état de totale déconfiture. Armée d'une manière ridicule et inadaptée aux circonstances, mal préparée à la défense de la ville, plus entraînée pour la chasse que pour la guerre, elle avait abandonné la place avant même d'être confrontée à l'ennemi. Le narrateur montre que, composée de fanfarons prêts à terroriser leurs concitoyens et plus disposés à la parade qu'aux combats, elle brillait surtout par son absence alors même que sa mission était de défendre la ville. Cette distorsion entre l'être et le paraître de cette garde révèle une discordance entre son attitude belliqueuse avant le conflit et sa pleutrerie au moment de l'affrontement réel. Oubliant sa mission, elle fuit lâchement préférant la sécurité du retour à la vie civile aux risques des engagements militaires.

La coïncidence parfaite entre l'être et le paraître du général illustre non seulement son désarroi face à une armée en perdition mais surtout sa prise de conscience de l'impossibilité réelle de surmonter la débâcle. D'une part, la fuite soudaine et inattendue des soldats témoigne de la lâcheté qui les rend incapables d'assumer leurs responsabilités d'homme, de citoyen, de soldat ; d'autre part, leur comportement, pendant de celui des bourgeois « émasculés », les montre indignes de leurs ancêtres réputés pour leur courage et leur patriotisme. D'ailleurs, adoptant une attitude de soumission d'ordinaire féminine, ils ont si bien intégré l'idée de la défaite, qu'ils en attendent, terrés chez eux, les inévitables répercussions. L'absence de traces de vie et le silence qui règne dans la ville sont à mettre en parallèle avec la perte du courage et des qualités viriles légendaires des Normands et avec leur passivité inadmissible puisqu'ils en arrivent à souhaiter l'arrivée des Prussiens, ce qui est un comble.

3. L'EFFONDREMENT D'UNE SOCIÉTÉ DANS LA GUERRE

L'ordre dans lequel se fait l'invasion de l'armée prussienne, puissante, imposante, disciplinée, suréquipée s'oppose à la déconfiture de l'armée française qui a battu en retraite dans un effrayant désordre : l'une est l'antithèse de l'autre. Composée souvent de « uhlans », cavaliers mercenaires, cette armée à cheval synchronisait ses actions avec méthode et efficacité pour envahir en même temps l'ensemble de la ville. Or, des soldats qui défendent leur pays devraient a priori être plus motivés sinon plus efficaces que ceux qu'on paye : ici, il n'en est rien car l'effroi qui avait entouré l'annonce de l'arrivée des Prussiens avait accéléré la déroute et la désorganisation des divers corps constituant les troupes françaises.

Le bruyant déploiement en force des Prussiens justifiait l'ampleur et le mystère de la rumeur les concernant. L'emploi pour les décrire d'expressions particulièrement évocatrices comme « on ne sait d'où ; avec célérité ; une masse noire ; deux autres flots envahisseurs ; les avant-gardes des trois corps ; par toutes les rues environnantes ; déroulant ses bataillons ; leur pas dur et rythmé », correspond à un souci certes d'informer le lecteur de la disproportion des forces des deux pays, mais surtout de suggérer le caractère déshumanisé de ce déferlement militaire qui laisse déjà prévoir l'inhumanité des Prussiens envers les vaincus. Si l'absence de résistance de la ville écarte les perspectives d'affrontement des armées, elle rend possible et même facilite une autre épreuve : l'occupation. Affolés, paniqués, cachés derrière les volets clos, les habitants de Rouen assimilent la guerre au pire des cataclysmes naturels. Aussi, le rythme dilaté de la phrase et les images évoquant « l'affolement que donnent les cataclysmes ; les grands bouleversements meurtriers de la terre ; le tremblement de terre écrasant sous les maisons croulantes un peuple entier, le fleuve débordé qui roule les paysans noyés avec les cadavres des bœufs et les poutres arrachées aux toits » rendent plus sensible encore le raz de marée de haine et de mort qui écrase les habitants. Ils laissent redouter maintenant des bouleversements d'un autre ordre dû à l'impunité du « droit de guerre ». L'anéantissement de l'armée causé par l'inconscience des gouvernants et des chefs militaires ainsi que par la perte des valeurs morales et civiques provoque l'effondrement d'autres valeurs. Il préjuge d'une part, de la résistance et des actes de bravoure anonymes du peuple, d'autre part, des complaisances, des compromissions voire de la collaboration des bourgeois avec l'ennemi qu'augure du reste la dernière phrase de cet extrait : « Le devoir commençait pour les vaincus de se montrer gracieux envers les vainqueurs ».

CONCLUSION

La fuite de l'armée française en déroute et la panique générale qui saisit la population au moment de l'invasion prussienne symbolisent la déchéance des habitants de Rouen. Incapables de se défendre, ni de résister à l'ennemi, anéantis par la débâcle, ils sont désormais privés de perspective et d'espérance pour avoir perdu le sens des valeurs qui avaient fait autrefois l'honneur et la réputation de la ville.

DEUXIÈME EXTRAIT : « Aussitôt à table, on commença les approches. » à « [...] une allégresse parut sur les visages. » (p. 56-60)

INTRODUCTION

Situation : Cet extrait fait suite aux tentatives de MM. de Bréville, Carré-Lamadon et Loiseau auprès de l'officier prussien pour obtenir l'autorisation de poursuivre leur voyage vers Le Havre, tentatives soldées par un échec. La fuite étant exclue, il ne reste plus aux protagonistes qu'à convaincre Boule de suif de satisfaire la demande de l'officier. Ils conviennent de lui présenter une argumentation pour « la décider » à céder aux avances du Prussien.

Idée directrice : Après le refus du Prussien, mis dans l'impossibilité de se tirer honorablement de « l'incident » qui les retient à l'auberge de Tôtes, les protagonistes en viennent à envisager la seule solution encore disponible à leurs yeux : convaincre Boule de suif de se sacrifier pour qu'ils puissent reprendre leur voyage vers Le Havre. Ce passage essentiel présente la conspiration réussie des voyageurs hormis Cornudet contre la jeune courtisane.

Composition : Après l'organisation de la conspiration menée contre Boule de suif qui réunit les couples de Bréville, Carré-Lamadon et Loiseau, ces derniers mettent en place la situation d'argumentation et engagent le processus destiné à venir à bout de la résistance de la jeune femme.

    1. L'exécution d'une conspiration
    2. Un assaut en règle
    3. Une manipulation réussie.

Enjeux du texte : Dans le contexte de la guerre franco-prussienne de 1870, l'histoire du voyage de dix habitants de Rouen vers Le Havre comporte de constantes références à la guerre. Elle met en présence des notables « nantis » appartenant aux classes sociales favorisées qui veulent convaincre une jeune prostituée d'origine populaire sans culture, ni éducation, de céder à l'ennemi. À travers le récit de leur aventure, Maupassant insiste sur la capitulation générale de la société devant l'ennemi triomphant ainsi que sur l'hypocrisie et le cynisme des classes dominantes.

1. L'EXÉCUTION D'UNE CONSPIRATION

Moment-phare de la nouvelle ce passage concerne la mise en œuvre de la conspiration préparée avec soin par les trois couples d'aristocrates et de bourgeois contre Boule de suif qui oppose toujours le même refus catégorique à la demande chaque soir renouvelée de l'officier prussien. Ne pouvant ni la forcer, ni lui dire clairement de céder au Prussien, ils adoptent une attitude opportuniste pour la faire revenir sur son refus obstiné. Guidé par un intérêt commun, le groupe fait bloc et se solidarise à travers le pronom « on » collectif et indéfini, estompant les individualités de chacun pour se concentrer sur l'objectif fixé : vaincre la résistance de la jeune courtisane et l'amener à accomplir un acte qu'elle condamne : ils s'organisent comme pour mener une bataille réelle : tous les termes employés appartiennent au champ lexical* de l'engagement militaire : « le blocus, une forteresse investie, des manœuvres qu'ils devraient exécuter, le plan des attaques, les ruses à employer, l'assaut, cette citadelle vivante, l'ennemi dans la place ». Si la métaphore du combat est adaptée au contexte de la nouvelle, elle révèle ici la lâcheté, la férocité et le cynisme des conspirateurs. Ce passage est déterminant puisqu'il souligne malgré la dégradation rapide de l'atmosphère entre les protagonistes, la cohésion des conspirateurs face à l'isolement de Boule de suif et leur capacité à s'adapter aux circonstances. Ainsi, lorsque « la coalition faiblit », la conspiration est suffisamment bien préparée pour que la comtesse de Bréville rallie une partie des indécis, en l'occurrence les religieuses et assure la relève avec la vieille sœur afin que le processus de transformation suive son cours. Pour la faire changer d'avis, ils auront successivement recours à quatre stratégies argumentatives : les exemples héroïques, l'argument religieux, l'appel au patriotisme et à la charité, enfin la flatterie.

2. UN ASSAUT EN RÈGLE

Comme les conspirateurs ne peuvent avancer ouvertement leur thèse* : « nous laisser bloquer ici est beaucoup plus grave et présente plus de risques pour tous que de céder aux avances de l'officier », ils choisissent de déplacer le thème de leur argumentation en vue de la rendre recevable.

– Le recours aux exemples héroïques

L'utilisation d'exemples va les aider à souligner le sacrifice de femmes illustres se comportant de façon héroïque pour sauver leur pays du danger. Judith, Lucrèce, Cléopâtre, les femmes de Rome se sont livrées à des militaires ennemis par patriotisme. Aux exemples individuels tirés de la Bible, Judith, ou de l'Antiquité, Lucrèce et Cléopâtre, succède un exemple collectif de femmes, les citoyennes de Rome, généralisé ensuite à « toutes les femmes qui ont arrêté des conquérants, fait de leur corps un champ de bataille [...] et sacrifié leur chasteté à la vengeance et au dévouement ». La généralisation de l'exemple a pour effet de conduire chaque femme à être concernée par l'exemplarité de ces situations. Si Boule de suif peut se trouver très éloignée de Judith, Lucrèce et Cléopâtre, elle peut se sentir proche des « citoyennes de Rome » d'autant que les termes « citoyen et citoyenne » sont couramment utilisés depuis la Révolution de 1789 ; d'ailleurs Cornudet l'emploie en s'adressant à Mme Follenvie l'aubergiste. Ces exemples auréolés du prestige de la Bible et de l'Histoire sont propres à l'impressionner à cause de son sens religieux. En indiquant son attrait pour la religion, Maupassant reprend un des stéréotypes de la littérature de son époque qu'il développera ensuite dans *La Maison Tellier*. Ce faisant, les conspirateurs envisagent ceux qu'ils citent comme illustrations de leur thèse* et exemples à suivre. Par ailleurs, le choix de l'exemple récent de « cette Anglaise de grande famille » désireuse de transmettre à Bonaparte une maladie vénérienne contagieuse la flatte mais peut la rebuter en étant un contre-exemple car elle est Bonapartiste. Toutefois en mettant l'accent sur le moyen d'ordre sexuel envisagé, il opère un renvoi subtil à la situation présente : l'utilisation de leurs charmes naturels constitue pour les femmes une arme contre l'ennemi. Alors, céder à l'ennemi loin d'être une capitulation devient un sacrifice héroïque à cause de l'idée de sacrifice, de dévouement et de vengeance sous-jacente à ce geste. Habituée à utiliser son corps pour vivre, Boule de suif l'utiliserait donc contre un ennemi de son pays. C'est du reste le procédé choisi par Irma, la prostituée de la nouvelle *Le Lit 29* pour tuer par la syphilis davantage de Prussiens que son amant, le capitaine Épivent, décoré de la croix pour ses mérites militaires. Cette exploitation des exemples selon un système d'expansion et de proximité augmente encore leur valeur argumentative et prolonge leur effet.

Puis, profitant de l'attachement de Boule de suif à la religion, les conspirateurs vont lui démontrer l'indulgence de Dieu envers tout acte accompli pour « sa gloire ou pour le bien du prochain » et l'importance dans tout acte de l'intention qui le guide. À partir d'un exemple du passé, le sacrifice d'Abraham et d'un exemple à venir, la possibilité de tuer « père et mère pour un ordre venu d'en haut », la comtesse de Bréville et la vieille religieuse développent une stratégie argumentative inspirée du principe de machiavélisme politique « la fin justifie les moyens », leurs arguments relevant de la casuistique, très critiquée déjà au XVIIe siècle par des penseurs chrétiens comme Blaise Pascal, mettent en évidence l'opportunisme des deux femmes.

– Le recours à la charité
Après le patriotisme et les exemples héroïques, la vieille sœur influencée par sa conversation avec la comtesse de Bréville insiste sur l'aspect altruiste et charitable de son voyage au Havre et de sa mission auprès des soldats. Elle se rend dans une poche de résistance où se battent des compatriotes afin de les aider, les soigner, les assister. À l'instar de l'exemple concernant Bonaparte, celui-ci combine l'appel à la charité et le patriotisme puisque la nonne est uniquement

guidée par un souci humanitaire. Cet argument d'autorité* constitue une auto-valorisation de soi et engage Boule de suif dans une autovalorisation d'elle-même si elle décide en se sacrifiant d'aider ses semblables. L'intervention inattendue de la religieuse et sa culpabilisation implicite de Boule de suif réjouissent les conspirateurs puisque ce discours va au-delà de celui qu'ils avaient prévu : « Chaque parole de la sainte fille faisait brèche dans la résistance indignée de la courtisane ». Aussi, s'adaptent-ils à la situation en ne disant rien après elle afin de bénéficier de l'impact de ses propos sur la jeune courtisane, déstabilisée avant même cet appel conjugué au patriotisme et à la charité.

Si cette connivence des notables et des religieuses, nouvelle incarnation de l'Alliance du Sabre et du Goupillon, dénonce l'entente de l'Armée et de l'Église, elle condamne la caution de la religion à la guerre et disqualifie autant la religieuse que les conspirateurs.

– La flatterie

Tous les arguments étant épuisés, délégué par ses protagonistes, le comte de Bréville, fin diplomate, emploie une dernière technique argumentative, la flatterie, bouclant ainsi le circuit argumentatif*. Après avoir insisté sur les risques réciproques encourus, il spécule d'abord sur le patriotisme, le sens religieux et la vanité inconsciente de Boule de suif en la complimentant « il pourrait se vanter d'avoir goûté d'une jolie fille comme il n'en trouvera pas beaucoup dans son pays ». Son tutoiement qui vise à établir une complicité avec elle, cherche surtout à lever ses dernières réticences mais en même temps, il joue son va-tout et celui de ses complices, grâce à son expérience des courtisanes.

3. UNE MANIPULATION RÉUSSIE

Restée seule, livrée à elle-même, Boule de suif peut s'interroger à propos des arguments entendus afin d'en tirer ses propres conclusions. Or, elle est manipulée par les conspirateurs car elle n'a ni le temps de s'isoler pour réfléchir, ni la distance suffisante pour les évaluer de même que les intentions qui les sous-tendent, ni la culture nécessaire pour leur opposer des contre-arguments. Pourtant, les arguments présentés sont contestables et de piètre qualité notamment ceux empruntés à l'Antiquité romaine ou à la vie des saints mais Boule de suif n'est pas capable de les juger à leur juste valeur. Les conspirateurs le savent et ont pour objectif essentiel de changer ses représentations par rapport à un acte qu'ils lui demandent d'accomplir mais qu'elle condamne et refuse de commettre. Pour ce faire, ils la manipulent, adaptent le contenu de leur argumentation à leur interlocutrice en retenant les thèmes pertinents et efficaces eu égard à sa naïveté, sa générosité, son patriotisme. Mais ils déguisent leur projet, masquent leurs intentions à travers une thèse* non explicitée, des formulations indirectes, l'absence d'argumentaire explicite, des arguments avancés à la cantonade à une argumentataire* implicite, un changement d'appellatif « mademoiselle » au lieu de « madame » : dès lors leur conspiration a tout d'une manipulation. En outre, le matraquage de Boule de suif à coups d'arguments est une manipulation assimilable à un viol de son intégrité intellectuelle, psychologique et morale. Pour rester dans la tonalité religieuse de l'argumentation, elle suit son chemin de croix et se rend aux arguments des conspirateurs : aussi son sacrifice a-t-il tout d'un viol.

CONCLUSION

La réussite de la conspiration témoigne certes de l'hypocrisie, la lâcheté, le cynisme des notables mais surtout de la capitulation générale de la population face à l'ennemi. La défaite est totale, l'isolement des voyageurs dans la diligence au cours du second voyage et leur incapacité à communiquer symbolisent le renversement des valeurs dans la France en guerre, occupée par l'ennemi.

3. Propositions d'autres extraits pour une liste d'oral

Liste de textes susceptibles de faire l'objet d'une explication :

- « Mais à chaque porte des petits détachements [...] » à « [...] où ils s'embarqueraient. » (p. 25-27)

- « On employa l'influence des officiers allemands [...] » à « [...] sous un effort plus violent. » (p. 27-29)

- « Dans la voiture on se regardait curieusement [...] » à « [...] pleine de qualités inappréciables. » (p. 30-33)

- « Enfin à trois heures, comme on se trouvait [...] » à « [...] adorant les crudités. » (p. 35-38)

- « On ne pouvait manger les provisions [...] » à « [...] qu'on avait fini de manger. » (p. 38-39)

- « On entra dans la vaste cuisine de l'auberge [...] » à « [...] je ne peux pas parler. » (p. 41-43)

- « M. et Mme Follenvie dînaient tout au bout de la table. » à « Ils réparent. » (p. 43-47)

- « L'après-midi fut lamentable. » à « [...] on songeait. » (p. 50-51)

- « La lourde voiture s'ébranla, et le voyage recommença. » à « [...] qu'on ne la verrait pas. » (p. 63-65)

- « Au bout de trois heures de route [...] » à « [...] dans les ténèbres. » (p. 64-66)

4. Pour la préparation à l'entretien oral

Quelques questions susceptibles d'être posées par l'examinateur :

1. Analysez les différentes faiblesses de l'armée française. Comparez l'ordre de l'invasion de l'armée prussienne à la déroute de l'armée française.

2. Pourquoi le narrateur assimile-t-il la guerre à des cataclysmes naturels ? Identifiez les attitudes des vaincus face à l'occupant. Comment le narrateur juge-t-il les actes commis contre les Prussiens ?

3. Étudiez le point de vue du narrateur pendant la première partie du voyage. Faites une analyse des manifestations de l'ironie du narrateur au cours de la première partie du voyage.

4. Établissez le plan de disposition des personnages dans la diligence, puis comparez-le à l'ordre de présentation des personnages.

5. Quelle classe sociale est absente de la micro-société représentée dans *Boule de suif* ? Comment les personnages se sont-ils regroupés ? Pourquoi ?

6. Quels effets produisent les provisions de Boule de suif ? Analysez l'ordre dans lequel les personnages acceptent son invitation.

7. Comparez le premier et le second repas dans la diligence : quelle est la symbolique de la nourriture ?

8. La nourriture tient une place importante dans *Boule de suif* : étudiez ce thème et ses variations dans l'ensemble de la nouvelle (repas, dévoration, sexualité).

9. Étudiez le comportement de Boule de suif au moment de l'occupation, comparez-le à celui des bourgeois, puis à l'attitude des différents voyageurs à l'égard de l'officier prussien.

10. Que pensez-vous du portrait de l'officier prussien et de son comportement envers les voyageurs ?

11. En quoi le discours de Mme Follenvie est-il révélateur de son appartenance sociale, de ses sentiments sur l'occupation et la guerre ?

12. Relevez les marques de solidarité entre les paysans et les soldats à Tôtes. Qu'en pensent les voyageurs ?

13. À partir des interactions entre les différents personnages montrez l'isolement de Boule de suif et son intégration au groupe.

14. Pourquoi l'officier prussien refuse-t-il la proposition de Loiseau ? Que pensez-vous de son attitude ?

15. Le narrateur utilise la métaphore de la guerre lors de la conspiration contre Boule de suif : que manifeste ce choix de sa part ?

16. Quelles sont les cibles de l'ironie du narrateur dans la nouvelle ? Que dénonce-t-il ?

17. Pourquoi les conspirateurs ont-ils recours à l'implicite ? Sur quoi porte-t-il?

18. Boule de suif ne répond pas et ses pensées ne sont pas révélées : qu'en pensez-vous ?

19. Relevez les gestes de mépris exprimés à l'égard de Boule de suif lors du second voyage et comparez-les avec le comportement des voyageurs envers elle lors du premier voyage.

20. Montrez la cruauté des voyageurs envers Boule de suif. Que pensez-vous du comportement de Cornudet ? des religieuses ?

ANNEXES

I. LA POÉTIQUE DE MAUPASSANT

Guy de Maupassant, Extraits de la préface de *Pierre et Jean*, Le Livre de Poche, 1887

Le romancier qui transforme la vérité constante brutale, et déplaisante, pour en tirer une aventure exceptionnelle et séduisante, doit, sans souci exagéré de la vraisemblance, manipuler les événements à son gré, les préparer et les arranger pour plaire au lecteur, l'émouvoir ou l'attendrir. Le plan de son roman n'est qu'une série de combinaisons ingénieuses conduisant avec adresse au dénouement. Les incidents sont disposés et gradués vers le point culminant et l'effet de la fin, qui est un événement capital et décisif, satisfaisant toutes les curiosités éveillées au début, mettent une barrière à l'intérêt, et terminant si complètement l'histoire racontée qu'on ne désire plus savoir ce que deviendront, le lendemain, les personnages les plus attachants [...]

Le romancier, au contraire, qui prétend nous donner une image exacte de la vie, doit éviter avec soin tout enchaînement d'événements qui paraîtrait exceptionnel. Son but n'est point de nous raconter une histoire, de nous amuser ou de nous attendrir, mais de nous forcer à penser, à comprendre le sens profond et caché des événements. À force d'avoir vu et médité il regarde l'univers, les choses, les faits et les hommes d'une certaine façon qui lui est propre et qui résulte de l'ensemble de ses observations réfléchies. C'est cette vision personnelle du monde qu'il cherche à nous communiquer en la reproduisant dans un livre. Pour nous émouvoir, comme il l'a été lui-même par le spectacle de la vie, il doit la reproduire devant nos yeux avec une scrupuleuse ressemblance.

[...] Raconter tout serait impossible, car il faudrait alors un volume au moins par journée, pour énumérer les multitudes d'incidents insignifiants qui emplissent notre existence.

Un choix s'impose donc — ce qui est une première atteinte à la théorie de toute la vérité.

[...] Quel enfantillage, d'ailleurs, de croire à la réalité puisque nous portons chacun la nôtre dans notre pensée et dans nos organes ! Nos yeux, nos oreilles, notre odorat, notre goût différents créent autant de vérités qu'il y a d'hommes sur la terre. Et nos exprits qui reçoivent les instructions de ces organes, diversement impressionnés, comprennent, analysent et jugent comme si chacun de nous appartenait à une autre race.

Chacun de nous se fait donc simplement une illusion du monde, illusion poétique, sentimentale, joyeuse, mélancolique, sale ou lugubre suivant sa nature. Et l'écrivain n'a d'autre mission que de reproduire fidèlement cette illusion avec tous les procédés d'art qu'il a appris et dont il peut disposer.

Illusion du beau qui est une convention humaine ! Illusion du laid qui est une opinion changeante ! Illusion du vrai jamais immuable ! Illusion de l'ignoble qui attire tant d'êtres ! Les grands artistes sont ceux qui imposent à l'humanité leur illusion particulière.

Ne nous fâchons donc contre aucune théorie puisque chacune d'elles est simplement l'expression généralisée d'un tempérament qui s'analyse.

II. MAUPASSANT ET LA GUERRE

Guy de Maupassant, « La guerre », *Gil Blas*, 11 décembre 1883, in *Chroniques*, tome II, « 10/18 », p. 292

Quand j'entends prononcer ce mot : la guerre, il me vient un effarement comme si on me parlait de sorcellerie, d'inquisition, d'une chose lointaine, finie, abominable, monstrueuse, contre nature.

Quand on parle d'anthropophages, nous sourions avec orgueil en proclamant notre supériorité sur ces sauvages. Quels sont les sauvages, les vrais sauvages ? Ceux qui se battent pour manger les vaincus ou ceux qui se battent pour tuer, rien que pour tuer ? Une ville chinoise nous fait envie : nous allons pour la prendre massacrer cinquante mille Chinois et faire égorger dix mille Français. Cette ville ne nous servira à rien. Il n'y a là qu'une question d'honneur national. Donc l'honneur national (singulier honneur !) qui nous pousse à prendre une cité qui ne nous appartient pas, l'honneur national qui se trouve satisfait par le vol, par le vol d'une ville, le sera davantage encore par la mort de cinquante mille Chinois et de dix mille Français.

Et ceux qui vont périr là-bas sont des jeunes hommes qui pourraient travailler, produire, être utiles. Leurs pères sont vieux et pauvres. Leurs mères, qui pendant vingt ans les ont aimés, adorés comme adorent les mères, apprendront dans six mois que le fils, l'enfant, le grand enfant élevé avec tant de peine, avec tant d'argent, avec tant d'amour, est tombé dans un bois de roseaux, la poitrine crevée par les balles. Pourquoi a-t-on tué son garçon ; son beau garçon, son seul espoir, son orgueil, sa vie ? Elle ne sait pas. Oui, pourquoi ? Parce qu'il existe au fond de l'Asie une ville qui s'appelle Bac-Ninh ; et parce qu'un ministre qui ne la connaît pas s'est amusé à la prendre aux Chinois.

La guerre !... se battre !... tuer !... massacrer des hommes !... Et nous avons aujourd'hui, à notre époque, avec notre civilisation, avec l'étendue de science et le degré de philosophie où est parvenu le génie humain, des écoles où l'on apprend à tuer, à tuer de très loin, avec perfection, beaucoup de monde en même temps, à tuer de pauvres diables d'hommes innocents, chargés de famille, et sans casier judiciaire. M. Jules Grévy fait grâce avec obstination aux assassins les plus abominables, aux découpeurs de femmes en morceaux, aux parricides, aux étrangleurs d'enfants. Et voici que M. Jules Ferry, pour un caprice diplomatique dont s'étonne la nation, dont s'étonnent les députés, va condamner à mort, d'un cœur léger, quelques milliers de braves garçons.

Et le plus stupéfiant c'est que le peuple entier ne se lève pas contre les gouvernements. Quelle différence y a-t-il donc entre les monarchies et les républiques ? Le plus stupéfiant, c'est que la société tout entière ne se révolte pas à ce seul mot de guerre.

Ah ! nous vivrons encore pendant des siècles sous le poids des vieilles et odieuses coutumes, des criminels préjugés, des idées féroces de nos barbares aïeux.

N'aurait-on pas honni tout autre que Victor Hugo qui eût jeté ce grand cri de délivrance et de vérité ?

Aujourd'hui, la force s'appelle la violence et commence à être jugée ; la guerre est mise en accusation. La civilisation, sur la plainte du genre humain, instruit le procès et dresse le grand dossier criminel des conquérants et des capitaines. Les peuples en viennent à comprendre que l'agrandissement d'un forfait n'en saurait être la diminution ; que si tuer est un crime, tuer beaucoup n'en peut pas être la circonstance atténuante ; que si voler est une honte, envahir ne saurait être une gloire.

Ah ! proclamons ces vérités absolues, déshonorons la guerre !

III. ACCUEIL DE LA CRITIQUE

Ferdinand Brunetière, *Le Roman naturaliste*, 1882

Il a étudié [les types] avec passion, il les copie avec amour, et cela se sent dans les portraits qu'il en donne. C'est ce qui fait l'intérêt de quelques nouvelles qui n'ont d'autre signification ni d'autre portée que celle d'un tableau de genre, mais où le peintre, s'il s'appelle Chardin, a dépensé plus de talent qu'on n'en a mis bien souvent dans la décoration d'un palais ou d'une église.

Francisque Sarcey, « Monsieur Parent », *Nouvelle Revue*, 15 janvier 1886, p. 407-409

M. Guy de Maupassant est peut-être, de tous nos prosateurs contemporains, celui qui possède la langue la plus personnelle, ample à la fois et éclatante.

Jules Lemaître, *Les Contemporains*, 1re série, 1885, p. 309

Même dans les contes de M. de Maupassant on trouverait en cherchant bien, quelques fautes et notamment des effets forcés, des outrances de style çà et là [...] On peut même préférer [...] tel artiste à la fois moins classique et moins brutal [...] Mais il reste à M. de Maupassant d'être un écrivain à peu près irréprochable dans un genre qui ne l'est pas.

Jules Renard, *Journal*, 13 février 1893

J'aime Maupassant parce qu'il me semble écrire pour moi, non pour lui. Rarement il se confesse. Il ne dit point : « Voici mon cœur », ni : « La vérité sort de mon puits. » Ses livres amusent ou ennuient. On les ferme sans se demander avec angoisse : « Est-ce du grand, du moyen, du petit art ? » Les esthètes orageux, prompts à s'exciter, dédaignent son nom, qui ne rend rien.

Il se peut que, Maupassant une fois lu tout entier, on ne le relise pas. Mais ceux qui veulent être relus ne seront pas lus.

Émile Zola, Discours prononcé aux obsèques de Guy de Maupassant, *Gil Blas*, 10 juillet 1893

S'il a été, dès la première heure, compris et aimé, c'était qu'il apportait à l'âme française les dons et les qualités qui ont fait le meilleur de la race. On le comprenait, parce qu'il était la clarté, la simplicité, la mesure et la force [...] Il était de la grande lignée que l'on peut suivre depuis les balbutiements de notre langue jusqu'à nos jours ; il avait pour aïeux Rabelais, Montaigne, Molière, La Fontaine, les forts et les clairs, ceux qui sont la raison et la lumière de notre littérature.

Léon Deffouse, *Le Naturalisme, avec les œuvres représentatives*, 1929

Maupassant est aujourd'hui à sa vraie place comme un grand conteur français, le seul peut-être qui, dans le plus limpide des styles, ait su exprimer le pathétique banal de la vie quotidienne.

Robert Merle, *Pour ou contre Maupassant*, Artinian, 1950, p. 106

Il fut le premier, non peut-être à employer, mais à employer consciemment ce style de récit qui dissimule la psychologie au lieu de l'étaler, et veut que le caractère surgisse, non de l'analyse du romancier, mais des actes et des propos des personnages [...] Maupassant doit donc légitimement apparaître comme le précurseur du roman moderne, ou du moins, du roman moderne objectif.

Armand Lanoux, Préface à l'édition de La Pléiade, 1977, p. XVIII

Il ne veut garder que la religion du regard servi par le mot juste, qui seule permet de reconnaître dans la forêt l'arbre décrit par l'artiste [...] L'expérience éclaire indirectement le seul texte où il soit démasqué, le court essai sur le roman, qui préface assez arbitrairement *Pierre et Jean* [...] Ce texte est une charge violente contre l'écriture artiste, qui surprendra et blessera Edmond de Goncourt. Il se crut visé. Maupassant s'excusera, peu clairement. Il lui était impossible d'avouer qu'à travers les Goncourt, c'était l'art de Flaubert même qu'il contestait, toute l'écriture ciselée et précieuse qu'il remettait en question [...] Le meilleur Maupassant, c'est bien, en définitive, du Flaubert détendu.

Louis Forestier, Introduction à l'édition de la Pléiade, 1977, p. XXXI

Si, par un vague désir scolaire, on tient à rattacher le conteur à quelque mouvement, il faut alors songer à l'impressionnisme [...] On trouve, dans l'œuvre, nombre de notations qui rappellent la technique de ces peintres, leur volonté d'immobiliser un instant privilégié, une qualité fugitive de la lumière.

GLOSSAIRE

Renvoie aux termes suivis d'un astérisque*

Alter ego : terme latin qui signifie « autre moi-même » et qui désigne le semblable d'un personnage, son double.

Argument : preuve appuyée par un raisonnement pour justifier et expliquer une thèse.

Argument d'autorité : il consiste à recourir à l'exemple d'un personnage célèbre dont l'opinion, les actions ou les propos vont dans le sens de la thèse qu'on défend.

Argumentataire : celui ou celle pour qui on argumente.

Argumentateur : celui ou celle qui argumente.

Argumentation par l'exemple : elle se présente sous la forme d'une fiction (fable, apologie, conte) avec lequel elle entretient un rapport d'analogie. La thèse qui se déduit de l'exemple, doit être reconstruite par le lecteur.

Argumentation raisonnée : elle se caractérise par la présentation d'une démonstration logiquement organisée : elle développe une thèse au moyen d'argumentation d'exemples.

Bildungsroman : terme allemand signifiant « roman d'apprentissage » dont le modèle est *Les Années d'apprentissage de Wilhelm Meister* de Goethe. Le héros y fait l'expérience du monde et de la culture.

Casuistique : partie de la théologie morale qui s'occupe des cas de conscience.

Champ argumentatif : ensemble des arguments visant à étayer une thèse.

Champ lexical : ensemble des termes se rattachant à une même réalité ou à un même concept.

Circuit argumentatif : distribution et progression des arguments et des différentes thèses dans un texte.

Compétence pragmatique : savoirs du lecteur indispensables à la compréhension d'un texte littéraire et postulés par le texte lui-même.

Distance : degré d'implication du narrateur dans l'histoire qu'il raconte.

Ellipse narrative : procédé qui consiste à passer sous silence un événement dont la narration est attendue.

Enjeu : effet que le locuteur cherche à produire sur le destinataire ; ce qu'un texte vise explicitement ou non.

Espace dysphorique : espace connoté de manière négative.

Explicite : ce qui est réellement formulé dans un énoncé (contraire d'implicite).

Focalisation : point de vue adopté par le narrateur dans la conduite de son récit. On distingue le récit à **focalisation zéro** (le narrateur omniscient sait tout à l'image de Dieu) ; à **focalisation interne** (le narrateur voit avec les yeux d'un personnage et n'en sait pas plus que lui) ; à **focalisation externe** (le narrateur adopte un regard extérieur aux personnages et fait un récit objectif des comportements des personnages). **Point de vue** : désigne les trois positions possibles du narrateur par rapport au personnage et aux événements.

Fonction conative : concerne tout ce qui, dans un message, met en cause le destinataire du message.

Hétaïre : courtisane d'un rang social assez élevé. Prostituée.

Homologie : état d'éléments homologues, équivalents.

Horizon d'attente : ensemble des représentations qui, en fonction de la culture et de la subjectivité du lecteur, permettent d'anticiper, à partir d'indices fournis par le para-texte, un ensemble de significations possibles que le texte viendra confirmer ou au contraire démentir.

Implicite (thèse) : une thèse qui n'est pas clairement exprimée dans un texte mais qui peut être tirée à partir d'indices d'énonciation présents dans le texte par déduction.

Incipit : premiers mots d'un livre.

In medias res : expression latine signifiant au milieu des choses, au milieu de l'action, dans le vif du sujet.

Ironie : procédé qui consiste à se moquer en disant le contraire de ce qu'on veut faire entendre.

Lucre : gain, profit.

Narrataire : figure du destinataire telle qu'on peut la reconstruire dans un récit à partir des thèmes abordés, des explications données ou jugées inutiles, des divers niveaux de langue utilisés.

Narrateur : personnage à qui le romancier confie le récit.

Naturalisme : École littéraire et artistique du XIXe siècle qui, par application à l'art des méthodes de la science positive, visait à reproduire la réalité avec une objectivité parfaite et dans tous ses aspects, mêmes les plus vulgaires. Zola incarne la nouvelle esthétique dont il se fait le théoricien (*Le Roman expérimental*, 1880).

Pathos : action sur les passions, désirs, émotions du destinataire pour mieux le persuader, l'émouvoir.

Présupposé : un des modes de l'implicite qui peut être découvert à partir de l'énoncé.

Proxémie : distance qui sépare des interlocuteurs dans l'espace.

Réalisme : courant littéraire et artistique de la seconde moitié du XIXe siècle, qui privilégie la représentation exacte, non idéalisée de la réalité humaine et sociale.

Schéma quinaire : suite logique constituée de cinq étapes (état initial, perturbation, dynamique, résolution, état final) proposée pour rendre compte de la séquence narrative des contes. Ce schéma narratif permet de rendre compte de la logique profonde qui sous-tend l'intrigue de tout récit.

Sous-entendu : un des modes de l'implicite qui ne peut pas être découvert à partir de l'énoncé mais simplement suggéré. Il fait appel à la complicité de l'interlocuteur ou du lecteur qui peut le reconstruire au moyen d'un raisonnement logique.

Stratégie argumentative : analyse de tous les moyens mis en œuvre par l'auteur pour convaincre, persuader son interlocuteur.

Sturm und Drang : expression allemande désignant le premier romantisme allemand du début du XIXe siècle, fait de « tempête et d'élans de la passion ».

Thésauriser : amasser de l'argent pour le garder sans le faire circuler, ni l'investir.

Thèse (antithèse, synthèse) : première partie du plan didactique exposant une opinion sur une problématique.

Topos : terme d'origine grecque qui signifie un lieu commun littéraire : en sémiotique, il désigne une portion d'espace dotée d'un rôle syntaxique.

BIBLIOGRAPHIE & FILMOGRAPHIE

Éditions récentes de *Boule de suif*

Maupassant, *Contes et Nouvelles*, textes présentés, corrigés, classés et augmentés de pages inédites par Albert Marie Schmidt, avec la collaboration de Gérard Delaisement, Albin Michel, 1964-1967, 2 vol.

Maupassant, *Contes et Nouvelles*, préface d'Armand Lanoux, in traduction, chronologie, texte établi et annoté par Louis Forestier, Bibliothèque de La Pléiade, Gallimard, 1974-1979, 2 vol.

Maupassant, *Boule de suif et autres contes normands*, édition Marie-Claire Bancquart, Classiques Garnier, 1971.

Maupassant, *Boule de suif et autres nouvelles*, Préface Louis Forestier, Folio classique n° 2782, Gallimard, 1973 et 1995.

Maupassant, *Boule de suif et autres histoires de guerre*, édition établie par Antonia Fonyi, GF-Flammarion, 1991.

Sur l'art de la nouvelle

Andrès Philippe, *La Nouvelle*, « Thèmes & études », Ellipses, 1998.

Aubrit Jean-Pierre, *Le Conte et la Nouvelle*, A. Colin, 1997

Godenne René, *La Nouvelle française*, Presses Universitaires de France, 1974.

Grojnowski Daniel, *Lire la Nouvelle*, Dunod, 1993.

Sur Maupassant et son œuvre

Besnard-Coursodon Micheline, *Étude thématique et structurale de l'œuvre de Maupassant : le piège*, Nizet, 1973.

Castella Charles, *Structures romanesques et vision sociale chez Maupassant*, Lausanne, L'Âge d'homme, 1972.

Forestier Louis, *Boule de suif et La Maison Tellier de Guy de Maupassant*, Foliothèque n° 45, Gallimard, 1995.

Gellereau Michèle, *Boule de suif*, « Parcours de lecture », Bertrand-Lacoste, 1991.

Greimas Alguidas Julien, *Maupassant, La sémiotique du texte : exercices pratiques*, Seuil, 1976.

Lanoux Armand, *Maupassant le Bel-Ami*, Fayard, 1967, nouv. éd. Le Livre de Poche, 1983.

Schmidt Albert-Marie, *Maupassant par lui-même*, Seuil, 1962.

Tassart François, *Souvenirs sur Guy de Maupassant par François son valet de chambre*, Plon-Nourrit, 1911.

Nouveaux souvenir intimes sur Guy de Maupassant (inédits), texte établi, annoté et présenté par Pierre Cogny, Nizet, 1962.

Troyat Henri, *Maupassant*, Flammarion, 1989.

Vial André, *Guy de Maupassant et l'art du roman*, Nizet, 1954.

Faits et significations, Nizet, 1973.

Viegnes Michel, *Boule de suif, La Parure*, « Profil d'une Œuvre », Hatier, 1996.

Colloques

Colloque de Cerisy : *Le Naturalisme*, Paris, « 10/18 », Union Générale d'Édition, 1978.

Colloque de Cerisy : *Maupassant miroir de la Nouvelle*, Saint-Denis, Presses Universitaires de Vincennes, 1988.

Colloque de Fécamp : *Maupassant et l'écriture*, 21-23 mars 1993, Actes du colloque publiés sous la direction de Louis Forestier, Nathan, 1993.

Colloque de Toulouse : *Maupassant multiple*, 13-15 décembre 1993, Les cahiers de Littérature, Presses Universitaires du Mirail, Toulouse, 1993.

Europe numéro spécial *Guy de Maupassant*, juin 1969.

Filmographie de *Boule de suif*

1928   *The Woman Disputed (Une femme rejetée)*, D. Clift, USA.

1932   *Shangai Express*, J. Von Sternberg, USA.

1935   *Maria no O Yuki (La Vierge O Yuki)*, N. Mizoguch, Japon.

1939   *Stagecoach (La chevauchée fantastique)*, J. Ford, USA.

1951   *Pekin Express*, W. Dieterle, USA.

1966   *Stagecoach*, G. Douglas, USA.

1986   *Stagecoach*, T. Post (T.V.), USA.

Filmographie sur *La Parure*

1915   *The Necklace Of Pearls (Le Collier de perles)*, P. Thanhouser, USA.

1921   *The Diamond Necklace (Le Collier de diamants)*, D. Clift, Grande-Bretagne.

1925   *Yichuan Zhenshu (Un collier de perles)*, Le Zeyvan, Chine.

1949   *The Diamond Necklace (Le Collier de diamants)*, S. Martin, USA.

1966   *Smycket (Le Bijou)*, G. Mölander, Suède.

TABLE DES MATIÈRES